AKADEMIE DER WISSENSCHAFTEN UND DER LITERATUR

ABHANDLUNGEN DER
GEISTES- UND SOZIALWISSENSCHAFTLICHEN KLASSE
JAHRGANG 1982 · Nr. 6

‚Arabel'-Studien I

Prolegomena zu einer neuen Ausgabe Ulrichs von dem Türlin

von

WERNER SCHRÖDER

AKADEMIE DER WISSENSCHAFTEN UND DER LITERATUR · MAINZ
FRANZ STEINER VERLAG GMBH · WIESBADEN

CIP-Kurztitelaufnahme der Deutschen Bibliothek

Schröder, Werner:

„Arabel"-Studien I / von Werner Schröder. Akad. d. Wiss. u. d. Literatur, Mainz. – Wiesbaden: Steiner

Prolegomena zu einer neuen Ausgabe Ulrichs von dem Türlin. – 1982.

(Abhandlungen der Geistes- und Sozialwissenschaftlichen Klasse / Akad. d. Wiss. u. d. Literatur; Jg. 1982, Nr. 6)
ISBN 3-515-03682-2

NE: Akademie der Wissenschaften und der Literatur 〈Mainz〉 / Geistes- und Sozialwissenschaftliche Klasse: Abhandlungen der Geistes- ...

Vorgelegt in der Plenarsitzung am 27. Februar 1982, zum Druck genehmigt am selben Tage, ausgegeben am 23. Juni 1982

© 1982 by Akademie der Wissenschaften und der Literatur, Mainz
DRUCK: HANS MEISTER KG, KASSEL
Printed in Germany

Inhaltsverzeichnis

	Vorwort	5
I	Einleitung	7
II	Die ersten siebzehn Laissen der Versionen *A und *R	15
III	*div vorder rede belibe*	72
IV	Das lange und das kurze Akrostichon	88
V	Der ursprüngliche Schluß	94
VI	Die ‚Fortsetzung'	99
VII	Die Mischhandschrift C	139
VIII	Schlußfolgerungen	143

Vorwort

Die hier vorgelegten Studien dienen der Vorbereitung einer neuen Edition des ‚Arabel'-Romans Ulrichs von dem Türlin. SAMUEL SINGERs kritische Ausgabe ist genau 60 Jahre jünger als KARL LACHMANNs große Wolfram-Ausgabe, also noch nicht einmal hundert Jahre alt. Wie beim ‚Willehalm' wird man erst recht fragen, ob wir einen neuen ‚Arabel'-Text brauchen.

Kritische Editionen mittelalterlicher deutscher Autoren stehen nicht hoch im Kurse. Die Möglichkeit einer Annäherung an das verlorene Original wird gering veranschlagt. Von manchen wird sie nicht einmal erstrebt. Interessanter und literaturgeschichtlich wichtiger als das, was ein Dichter wirklich geschrieben und gewollt hat, erscheint ihnen, was in Jahrzehnten und Jahrhunderten nach seinem Tode davon gelesen werden konnte und nach Ausweis der erhaltenen Handschriften gelesen wurde. Daß die oft nicht in sehr gutem Zustand waren und sind, daß Inhalt und Form des tradierten Werkes mehr oder weniger Schaden genommen hatten, wird in ihren Augen durch die historische Beglaubigung der überlieferten Texte wettgemacht, die allemal größer ist, als sie bei kritisch hergestellten sein kann. Die Wahrheit und Schönheit des Kunstwerks bleibt freilich außer Betracht, dem Ahnungsvermögen des Interpreten durch die beschädigten Abschriften hindurch anheim gegeben.

Wer sich dennoch nicht resignierend mit diplomatischen Abdrucken oder Photographien der Handschriften zufrieden geben mag, plädiert für höhere Schätzung der mittelalterlichen Schreiber, die gemeinhin besser seien als ihr Ruf. Vielleicht waren die zum Teil beträchtlichen Abweichungen zwischen unverwandten Handschriften des gleichen Werkes gar nicht ihnen zur Last zu legen, vielleicht gingen sie auf die Autoren selbst zurück, die mehrere Fassungen in Umlauf gesetzt haben könnten? Die Divergenzen wären dann gerade ein Beweis für Sorgfalt und Treue der sie bewahrenden Schreiber.

Ausgeschlossen ist es nicht, daß auch ein mittelalterlicher Dichter – wie an neueren zu beobachten und nachzuweisen – ein veröffentlichtes Werk noch einmal bearbeitet, eine zweite Auflage veranstaltet haben mag, wiewohl er im Regelfall sich lieber einem neuen Gegenstand zugewandt haben wird, schon mit Rücksicht auf den jeweiligen Gönner, der Neues wünschte. Auch damit ist zu rechnen, daß bei langer Entstehungszeit eines großen Romans Teile davon vorher bekannt geworden waren, die stellenweise von der späteren endgültigen Fassung abwichen: sie könnten erhalten geblieben sein und den Tradierungsprozeß beeinflußt haben.

Aber die bloße Möglichkeit, daß es so gewesen sein kann, genügt nicht als Basis editorischer Praxis. Man brauchte gesicherte Fakten, um eine Ausgabe darauf zu gründen. SINGER glaubte, sie zu besitzen. Ulrich von dem Türlin wäre, wenn er recht hätte, der Paradefall eines mittelalterlichen Dichters, der sich nachweislich selbst bearbeitet und seinem Roman erst im zweiten Anlauf die ihm vorschwebende Gestalt verliehen hätte, die erste Fassung aber nicht mehr widerrufen konnte, weil sie sich inzwischen selbständig gemacht hatte und in nicht autorisierter Bearbeitung beim Publikum auf die Dauer sogar mehr Interesse gefunden hat als die zweite von ihm letztwillig approbierte.

Da SINGERs ‚Arabel'-Edition auf dieser Hypothese beruht, müßte ihre Widerlegung dieser die Grundlage entziehen und zugleich zu mehr Vorsicht raten bei der Annahme sich fortgesetzt verbessernder mittelalterlicher Dichter, die manchmal sogar den Zweifel an der Abgeschlossenheit des Kunstwerks impliziert und an dem Recht des Autors, darüber zu verfügen. Ob etwas fertig ist, entscheidet allein der, welcher es geschaffen hat, und wir haben es zu nehmen, wie er es gewollt hat. Das zu erkennen und zu sichern, ist Aufgabe der Philologie.

Indem ich diese Blätter aus der Hand lege und zum Druck gebe, erinnere ich mich in Dankbarkeit meines vor dreißig Jahren verstorbenen Lehrers Georg Baesecke. Ohne ihn wäre ich wahrscheinlich Historiker geworden oder geblieben. Das von Hans Herzfeld gestellte Thema meiner Dissertation galt einem Problem der Vorgeschichte des Ersten Weltkriegs. Das philologische Handwerk habe ich bei Baesecke gelernt und geübt zuerst an den altdeutschen Glaubensbekenntnissen, dann an den Wessobrunner Predigten und schließlich an den Glossen zu den Evangelienpredigten Gregors des Großen. Es hätte ihn wahrscheinlich betrübt, daß ich ‚seiner' althochdeutschen Literatur am Ende doch untreu geworden bin. Aber vielleicht hätten ihn textkritische Studien wie diese auch ein wenig gefreut.

Marburg an der Lahn, 13. 1. 1982   W. S.

I
Einleitung

Der von Ulrich von dem Türlin zu Anfang der sechziger Jahre des 13. Jahrhunderts verfaßte, von mir ‚Arabel' genannte Roman zur Ergänzung und in der Nachfolge von Wolframs ‚Willehalm' ist 1893 von SAMUEL SINGER kritisch herausgegeben worden[1], nachdem W. J. C. G. CASPARSON schon 1781 einen ersten Abdruck nach der in Kassel aufbewahrten Handschrift geliefert hatte[2]. SINGER konnte sich auf eine breite handschriftliche Überlieferung stützen, die HERMANN SUCHIER zwanzig Jahre zuvor erstmals gesichtet und klassifiziert hatte[3].

In den meisten Handschriften bildet die ‚Arabel' den ersten Teil einer Trilogie, zu der außerdem der ‚Willehalm' Wolframs von Eschenbach und der ‚Rennewart' Ulrichs von Türheim gehören. SUCHIER hatte deshalb für diese auch LACHMANNs ‚Willehalm'-Siglen verwendet, die SINGER beibehalten hat. Lediglich für die inzwischen hinzugekommenen hat er neue eingeführt. Diese waren sämtlich vom gleichen dreigliedrigen Typus, nur LACHMANN unbekannt gewesen. Die ursprünglich parallele Siglengebung ist so nicht durchgehalten worden. Nachdem die ‚Willehalm'-Handschriften in meiner neuen kritischen Ausgabe[4] neue Siglen in Anlehnung an ihre gegenwärtigen Aufbewahrungsorte erhalten haben, empfahl sich eine Angleichung, die BETTY C. BUSHEY in ihrem ‚Neuen Gesamtverzeichnis der Handschriften der ‚Arabel' Ulrichs von dem Türlin'[5] vorgenommen hat. SINGERs Übersicht der damals bekannten Hand-

---

[1] Willehalm. Ein Rittergedicht aus der zweiten Hälfte des dreizehnten Jahrhunderts von Meister Ulrich von dem Türlin (Bibliothek der mittelhochdeutschen Litteratur in Boehmen, Band IV), Prag 1893.

[2] Wilhelm der Heilige von Oranse. Erster Theil, von Tvrlin oder Vlrich Tvrheim, einem Dichter des schwäbischen Zeitpuncts, Cassel, bei Johann Jacob Cramer 1781.

[3] Über die Quelle Ulrichs von Türlin und die älteste Gestalt der prise d'Orenge, Paderborn 1873.

[4] Wolfram von Eschenbach, Willehalm. Nach der gesamten Überlieferung kritisch herausgegeben, Berlin/New York 1978.

[5] In: Wolfram-Studien VII (1982) S. 228–286.

schriften und Fragmente[6] ist um weitere Textzeugen vermehrt, und die Beschreibungen sind sehr viel ausführlicher und genauer.

Wir kennen und besitzen zehn vollständige Handschriften: Heidelberg UB cpg 395 (A = Si. *A*); – Berlin StB mgf 1063 (B = Si. *e*); – Heidelberg UB cpg 404 (H = Si. *l*); – Wien ÖNB cod. Vindob. 2670 (V = Si. *m*); – Kassel Murhard- u. LB 2° ms. poet. et roman. 1 (Ka = Si. *n*); – Hannover LB ms. IV, 489 (Hn = Si. *h*); – Wien ÖNB ser. nova 2643 (W = Si. *p*); – Wolfenbüttel Herzog August Bibl. cod. Guelf. 30. 12 Aug. fol. (Wo = Si. o^1); – Genf Bibl. Bodmeriana cod. Bodmer 170 (E = Si. *o*); – Köln Hist. Archiv W 355 (C = Si. *g*). Außerhalb der Willehalm-Trilogie steht die ‚Arabel' nur in A, wo jetzt Strickers ‚Karl' und der ‚Heinrich von Kempten' Konrads von Würzburg voraufgehen, und in Hn, wo die zweite Hälfte des ‚Jüngeren Titurel' nachfolgt.

Daß die Überlieferung ursprünglich reicher war, beweisen die – der Einfachheit und möglichen Vermehrung halber numerierten – Fragmente (Nr. 1–16), die Reste ehemals vollständiger Handschriften darstellen. Von ihnen sind drei (Nr. 9, 10 und 14) verschollen. Die Nummern 6, 8 und 16 gehören mit ‚Willehalm'- und ‚Rennewart'-Fragmenten aus der gleichen Handschrift zusammen; für die Nummern 1, 2 und 15 sind solche nur aus dem ‚Willehalm', für Nr. 4 nur aus dem ‚Rennewart' erhalten. Die vorherrschend triadische Tradierung der vollständigen Texte setzt sich bei den trümmerhaften fort. Das hat nichts Überraschendes: die ‚Arabel' verdankt (ebenso wie der ‚Rennewart') ihre relativ reiche Bezeugung vornehmlich der frühzeitigen Verbindung mit Wolframs zweitem Roman.

Zu der primären Überlieferung tritt noch eine sekundäre in Gestalt 1. einer alemannischen Bearbeitung Λ (= Si. *C*), die in der Handschrift Leipzig UB Rep II 127 einem vollständigen ‚Willehalm' (L) vorangestellt ist; – 2. von ‚Arabel'-Exzerpten in der ‚Weltchronik' Heinrichs von München: Wolfenbüttel Herzog August Bibl. cod. Guelf. 1. 5. 2. Aug. fol. (μ_1 = Si. x^1); – Berlin StB mgf 1416 (μ_2 = Si. x^2); – München BStB cgm 7377 (μ_3 = Si. x^3); – New York City Pierpont Morgan Library cod. M. 769 (μ_4); – Gotha Forschungsbibl. cod. Chart. A 3 (μ_5 = Si. ξ). In die beiden erstgenannten sind auch ‚Willehalm'-Exzerpte (M_1 u. M_2) inseriert.

Noch weiter entfernt vom ursprünglichen Text steht die Prosanacherzählung des gesamten Zyklus aus ‚Arabel' + ‚Willehalm' + ‚Rennewart' in zwei Handschriften: Zürich ms. Car. C 28 (P_1 = Si. *E*) und Schaffhausen Stadtbibl. Gen. 16 (P_2).

---

[6] In der Einleitung zu seiner Ausgabe, S. I–X.

Die Berliner Handschrift B bricht bei Vers Si. 307,15 mitten in einem Reimpaar ab und beschließt den ‚Arabel'-Text mit einem vierzeiligen Anruf des himmlischen Heeres. In der Kölner Handschrift C reicht der ‚Arabel'-Text nur bis Vers Si. 187,17 und endet mit einem selbstgebastelten Dreireim. Der Schreiber von C hat fünf Zeilen, der von B fast eine ganze Spalte frei gelassen, und beide haben auf der folgenden Seite mit Wolframs ‚Willehalm' begonnen. Das spricht dafür, daß ihre ‚Arabel'-Vorlage unvollständig war.

In den übrigen vollständigen Handschriften reicht der allen gemeinsame Text bis Vers Si. 312,10, auch in Fragment Nr. 6, das – trotz des Verlustes ganzer Lagen – einer vollständigen gleichzuachten ist. In V W Wo E ist der defiziente 31er-Abschnitt notdürftig aufgefüllt. Nur in A (und danach auch in Λ) geht die mitten in einem Satz abbrechende Erzählung weiter und setzt sich noch bis Vers Si. 345,30 fort.

Der stark divergierende Überlieferungsbefund ist kontrovers beurteilt worden. SUCHIER rechnete in seiner Marburger Habilitationsschrift[7] mit „fünf verschiedenen Bearbeitungen" (S. 6): A B C D E, wobei er die drei letzten aus den beiden ersten ableitete: C als „Auszug aus der Recension A" (S. 11), D als „Auszug aus der Recension B" (S. 12) und E als „prosaischen Auszug aus der Recension A" (ebda.).

Als „Recension A oder das Gedicht Türlins in seiner ursprünglichen Gestalt" (S. 6) galt ihm der Text des cpg 395 (A): mit der Widmung an König Ottokar II. von Böhmen, bis Si. 311,31 reichend, „in Absätzen von je 31 Versen geschrieben und der Schluss eines jeden Absatzes durch den dreifachen Reim gekennzeichnet" (ebda.). Die Fortsetzung, Si. 312,1–345,30, nannte er KARL BARTSCH folgend ‚Vivianz Ritterschlag', schrieb sie jedoch nach Sprache und Stil dem gleichen Autor zu: „Sie sollte die Verbindung mit Wolframs Willehalm herstellen und ist deshalb in Abschnitten von 30 Versen, also ohne dreifache Reime, gedichtet" (S. 7).

Als Recension B faßte er die drei Handschriften-Gruppen H6.KaHn, VWWoE und B zusammen, die seiner Ansicht nach eine spätere „Erweiterung der Recension A" sind, in welcher deren Text „oft erweitert, mehrfach verändert und zuweilen beschnitten" ist (S. 8). Die Widmung an Ottokar sei weggelassen, die 31er-Gliederung mehrfach gestört, und von der Fortsetzung seien lediglich Si. 312,1–10 übernommen. Als Hauptunterschied erkannte SUCHIER die Beseitigung einer inhaltlichen Unstimmigkeit, die dem Erzähler Ulrich von dem Türlin unterlaufen ist: Er hat Heimrichs Vermählung mit Irmenschart in Pavia mit demselben Romzug Karls in Verbindung gebracht, auf welchem der älteste Sohn des Paares, Willehalm, seiner eigenen späteren

[7] Wie Anm. 3.

und Wolframs Darstellung zufolge seine beinamengebende (*Acurneis*) Narbe empfangen hatte. *ein ander mære* (Wolframs ‚Willehalm' 91,27–92,2) habe den Bearbeiter veranlaßt, von der *vorder rede* (Ulrichs ‚Arabel') abzugehen und den in sich widersprüchlichen Text stimmig zu machen.

Nicht recht unterzubringen wußte SUCHIER die Kölner Handschrift C, von der er nur Auszüge kannte, die „mit dem Texte der Hanöverischen Handschrift auffallende Uebereinstimmungen zeigt, jedoch von Entstellungen wimmelt" (S. 10f.).

Auch SINGER hat sie „erst sehr spät" kennengelernt, als das Manuskript seiner Ausgabe „schon druckfertig vorlag", und „noch viel später, als es bereits fast zu Ende gedruckt war, ihre Stellung richtig" erkannt (Einl. S. X). Er hat dann ihre ursprüngliche Einschätzung als „eine durch Mischung der beiden frühern Bearbeitungen entstandene neue" (ebda.) gänzlich aufgegeben und ihr eine Schlüsselstellung in seiner neuen Theorie von der Entstehung des Werkes zugeschrieben.

Er glaubte nun über drei von einander unabhängige Textzeugen zu verfügen: A – BH6.VKaHnWWoE = *R (= Si.*B^{7a})– C (= Si. g), sämtlich Bearbeitungen einer verlorenen ‚ältesten Fassung', die nur wegen des vorzeitigen Abbrechens von C „nicht mehr reconstruierbar ist" (Einl. S. XI). Der Verlust des originalen Gedichts schien ihm deshalb leicht zu verschmerzen, weil auch die in A vorliegende Bearbeitung (*A) seiner Überzeugung nach vom Dichter selbst herrührte und samt Fortsetzung die letztwillige Ausformung seines Romans repräsentiert. Daß sie, d. h. *A (nicht bloß A), von Fehlern keineswegs frei ist, legte er dem bereits fehlerhaften Archetypus aller drei Rezensionen (*O) zur Last, den auch der Dichter-Bearbeiter selbst nicht immer zu korrigieren vermochte. – Nicht einmal der erwähnte inhaltliche Widerspruch, an welchem sich der Redaktor *R stieß, wäre ihm aufgefallen!

Was in *R und C fehlt, sei nicht, wie SUCHIER geglaubt hatte, dort ausgelassen bzw. geändert worden, sondern vom Autor selbst erst in seiner Bearbeitung *A hinzugetan, nämlich 1. die konsequente 31er-Gliederung mit Dreireimschluß; 2. das vollständige Akrostichon mit der Widmung an Ottokar II.; und 3. die Fortsetzung. Demzufolge wären die späteren Rezensionen – trotz eigener Neuerungen – ursprünglicher als die Ausgabe letzter Hand in A. Nach Ausweis der Überlieferung waren sie auch erfolgreicher: die Autor-Bearbeitung hätte sich nicht durchgesetzt.

SINGERs Theorie der Textentstehung ist bis heute unerschüttert, obwohl die Kritiker der Ausgabe z. T. auch methodische Bedenken geltend gemacht hatten. GUSTAV ROSENHAGEN zwar stimmte vorbehaltlos zu[8]. Auch CARL

[7a] Von mir zur Unterscheidung von der Handschrift B weiterhin mit Asteriskus versehen.
[8] In: ZfdPh 26 (1894) S. 417–421.

KRAUS[9] zweifelte lediglich an dem korrumpierten Archetypus, dessen Fehler der Autor unbeanstandet übernommen haben soll: zwei Drittel von SINGERS Konjekturen seien unnötig. „Dass neben der ersten auch noch eine zweite ausg. von des dichters eigener hand veranstaltet wurde", hielt er für „bewiesen" (S. 62). Prinzipielle Einwände erhob dagegen JOSEPH SEEMÜLLER in der gründlichsten Nachprüfung, die SINGERS Edition zuteil geworden ist[10].

Er nannte des Herausgebers Erklärung der verwickelten Überlieferung ausdrücklich „eine Hypothese", „die gewiß sorgfältige Beachtung verdient, die ich aber nicht für abschließend halten kann, weil sie zahlreichen Einwendungen Platz läßt" (S. 449). Zweifel an der Authentizität des „Ganzen der Gruppe A" (S. 451) weckten ihm Sinnstörungen im Archetypus, wie Si. 165,25 A*RC oder Si. 156,31 AC (laut SINGER ebenfalls =*O) oder die A*RC gemeinsame Umstellung von Si. 153,19–22 hinter v. 24, weil es schwer glaublich erscheine, „daß ein sein eigenes Werk überarbeitender Verfasser dergleichen stehen ließ" (S. 450). Hinzu kommen gemeinsame Fehler in AC gegen *R, wo entweder A und C zufällig dem gleichen Irrtum verfallen sein oder *R zufällig das Richtige gefunden haben müßte.

Vielfach ist es gar nicht möglich, die älteste Fassung aus Übereinstimmungen von *R und C gegen A oder von A und C gegen *R zu erschließen. SINGER verwickelt sich bei diesem Versuch in nachweisbare Widersprüche. SEEMÜLLER hat sie zu erklären gesucht durch die Annahme einer Vorlage, „die Parallelredactionen enthielt" (S. 455), deren Kontamination „zum Theil vom Verfasser selbst, zum Theil von Schreibern oder fremden Bearbeitern" vorgenommen wurde (S. 458), und er hat daraus zwingend gefolgert, daß die Übereinstimmungen von *R und C „nicht immer die authentische Gestalt *O repräsentieren müssen", die „auch an Stellen vorhanden sein kann", wo die eine oder die andere „allein stehen" (ebda.). SEEMÜLLER nahm „zwei Hauptzweige der Überlieferung" an: A einerseits und *RC anderseits und beide „nicht einheitliche Redactionen" (S. 459). A wie *RC „sind vielmehr durch Mischung authentischer Paralleltexte entstanden, keine der beiden Gruppen unter der Einwirkung, Aufsicht – möchte ich sagen – des Autors, sondern auf dem Weg der selbständigen Abschrift durch Schreiber, welche dem eigenen Urtheil anheim gegeben waren" (S. 462).

In dieser Auffassung wurde er bestärkt durch „den Zustand der Überlieferung in der ‚Fortsetzung' A", der ihn vermuten ließ, „daß Ulrich sein Werk überhaupt unfertig zurückgelassen hat" (ebda.). Auch SINGERS für unwiderleglich gehaltenes Argument, das unterschiedlich lange Akrostichon in A und *R, machte SEEMÜLLER an seiner abweichenden Beurteilung der Werkentstehung

---
[9] In: AfdA 22 (1896) S. 50–63.
[10] In: Göttingische gelehrte Anzeigen, 158. Jg. Nr. VI (1896) S. 448–470.

nicht irre. Wie der Herausgeber hielt er die Erweiterung für nachträglich zum Zwecke der Widmung, aber nicht im Zusammenhang mit einer durchgreifenden Umarbeitung des gesamten Textes. Und das vervollständigte Akrostichon bewies in seinen Augen nicht, daß die ‚Arabel'-Fassung der Handschrift A mit der unfertigen Fortsetzung deren „endgiltige Form darstelle" (S. 462).

Aus allen diesen Gründen erachtete er „eine erneute systematische Untersuchung" für notwendig, „wenn die, soviel wir sehen, eigentümlich interessante Entstehungs- und Textgeschichte dieses höfischen Romanes in volles Licht treten soll". „Die Handschrift A dürfte auch dann im großen und ganzen die Grundlage bleiben – aber sie würde dann nicht als die vom Verfasser erreichte endgiltige Gestalt des Werkes, sondern als eine spätere von einem Unbekannten vorgenommene Verbindung authentischer Vorlagen zu betrachten sein" (S. 462).

Die geforderte Wiederaufnahme des Verfahrens steht nach 85 Jahren noch immer aus. Soweit man sich überhaupt für diesen zweitklassigen Roman interessierte, hat man sich mit SINGERS Ausgabe zufrieden gegeben. SEEMÜLLERS Einwände aber sind nicht ausgeräumt. Auch die von ihm anvisierte Lösung der Schwierigkeiten durch die Annahme von Parallelversionen einzelner Verse oder Verspartien ist weder bewiesen noch widerlegt. Das eine dürfte so schwer sein wie das andere. Offenkundig ist die Unfertigkeit des Werkes, für die nicht allein der Zustand der ‚Fortsetzung' spricht, wie SEEMÜLLER richtig gesehen hat.

Bevor eine Gesamtlösung ins Auge gefaßt werden kann, müssen eine Reihe von überlieferungsgeschichtlichen und textkritischen Vorfragen geklärt werden mittels unvoreingenommener Analyse der divergierenden Textpartien. Das von SINGER in seiner Einleitung gewählte Verfahren, die Geschichte des Textes vom Ergebnis der Untersuchung her, gleichsam von oben herab zu entwickeln, hat die diesem anhaftenden Unsicherheiten gewollt oder ungewollt verdunkelt und bagatellisiert. Damit der Leser am Gang der Beweisführung teilhaben, diese nachvollziehen und nachprüfen kann, empfiehlt es sich, die Darstellung am Weg des Untersuchenden zu orientieren: von unten nach oben.

Zu den ungelösten Vorfragen, die in der ‚Arabel'-Forschung zwar alle schon irgendwo und irgendwann berührt worden sind, aber fast immer im Rahmen einer hypothetischen Gesamtkonzeption, rechne ich:

1. die in *R vorgenommene Beseitigung der unsinnigen Verbindung von Heimrichs Hochzeit in Pavia und Willehalms Narbe mit dem gleichen Romzug Karls. Der Widerspruch hat seit SUCHIER in der Diskussion kaum noch eine Rolle gespielt, obgleich er das einzig sichere und plausible Motiv ist, das für eine Bearbeitung geltend gemacht werden kann und vom Bearbeiter ausdrücklich geltend gemacht worden ist;

2. die Divergenz zwischen langem Akrostichon in *A und kürzerem in *R, die theoretisch sowohl aus Verkürzung wie aus Erweiterung herrühren kann;
3. das Problem des ursprünglichen Romanschlusses und die Stellung der ‚Fortsetzung', die sich recht seltsam ausnimmt, gleichviel ob sie vom ‚Arabel'-Autor stammt oder von einem anderen Fortsetzer;
4. das Verhältnis der Kölner Handschrift C samt Fragment Nr. 16 – die SINGER als dritten unabhängigen Überlieferungszweig behandelt hat – zu *A einerseits und *R anderseits.

II
Die ersten siebzehn Laissen der Versionen *A und *R

Es möchte so scheinen, als widerspräche ich meinen eigenen methodischen Grundsätzen, wenn ich der folgenden Untersuchung eigene Parallel-Texte voranstelle, für welche die Begründung im einzelnen noch aussteht. Die Maßnahme ist unumgänglich, weil aus SINGERs kritischem Text der von ihm angenommenen ersten ‚Arabel'-Bearbeitung (*A) durch Ulrich von dem Türlin selbst der in der Heidelberger Handschrift A (nebst zugehörigen Fragmenten) vorliegende nur mit Mühe und derjenige der seiner Ansicht nach zweiten Bearbeitung (*R), deren Abweichungen sämtlich in den Apparat verbannt sind, wohl überhaupt nicht zuverlässig zu entnehmen sind. Seine Zitierweise der *R-Zutaten in jeweils an den letzten mit *A gemeinsamen Vers gehefteten Sternchen-Versen eigener Zählung und ihre Vermischung mit ebenso behandelten Ersatz- und Zusatzpartien der für sich stehenden alemannischen Bearbeitung Λ sowie der ‚Arabel'-Exzerpte μ_1-μ_5 (= Si. D) in der 'Weltchronik' Heinrichs von München ist außerordentlich unübersichtlich.

Sowohl um mir die Beweisführung wie um dem Leser die Orientierung zu erleichtern, stelle ich für die ersten 17 Laissen = 31er-Abschnitte den Text Ulrichs nach A dem der Redaktion *R auf Grund der Handschriften B H 6. V Ka Hn W Wo E sowie der Fragmente Nr. 7 (= Si. π) und Nr. 9 (= Si. $\varkappa$) gegenüber. Das Fragment Nr. 6 ist für diese Partie einer vollständigen Handschrift gleichzuachten. Als Leithandschrift für den *R-Text habe ich B gewählt, nicht weil sie besser beglaubigt als die anderen oder gar fehlerfrei wäre, sondern weil ihre Orthographie der normalisierten mittelhochdeutschen am nächsten steht. Eine eingehende sprachliche Beschreibung findet sich in ALFRED HÜBNERs Einleitung zu seiner ‚Rennewart'-Ausgabe[11], der diese und die Heidelberger Handschrift H zugrunde liegen.

Meine Texte beruhen auf neuer Kollationierung sämtlicher Überlieferungsträger. SINGER hat noch nicht alle gekannt und von den ihm bekannten nicht alle herangezogen (Wo = $^+o^1$; Nr. 6 = ^+z – worauf in seinem Verzeichnis mit Sternchen verwiesen ist). Die Fragmente hat er in der Mehrzahl nach

---

[11] Ulrich von Türheim, Rennewart. Aus der Berliner und Heidelberger Handschrift herausgegeben (DTM XXXIX), Berlin 1938.

Abdrucken (Nr. 1 = Si. σ+μ; Nr. 4 = Si. ζ; Nr. 7 = Si. π; Nr. 14 = Si. ω) oder Abschriften bzw. Kollationen (Nr. 2 = Si. ϱ; Nr. 3 = Si. γ; Nr. 8 = Si. β; Nr. 10 = Si. η) benutzt und sich auch für die Kasseler Handschrift (Ka = Si. *n*) mit CASPARSONS „sehr fehlerhaftem" Abdruck (Einleitung S. VII) begnügt. Fehler und Ungenauigkeiten in seinen Angaben korrigiere ich in der Regel stillschweigend, registriere aber seine Konjekturen auch dann, wenn ich sie für unnötig halte. Selbstverständliche Besserungen von augenfälligen Verschreibungen in den Handschriften zähle ich so wenig dazu wie den vom Zusammenhang geforderten Ersatz des Akkusativs *iuch* durch den Dativ *iu* oder die geregelte Unterscheidung von nominativischem *diu* und akkusativischem *die* im Singular Femininum des Artikels. Wo er der Kölner Handschrift gefolgt ist, habe ich deren Sigle C hinzugefügt.

Dem Abdruck von A habe ich die Varianten der von mir separat herausgegebenen ‚Arabel'-Bearbeitung Λ[12] beigegeben, für die eine Handschrift der *A-Version benutzt worden ist. Ihr sehr selbständiger Bearbeiter hat seine Vorlage auf ca. ein Viertel ihres Umfangs zusammengestrichen, 869 eigene Verse und 105 aus Wolframs ‚Willehalm' hinzugetan. Sein neuer Text ist nur in einer Handschrift Leipzig UB (vorm. Stadtbibl.) Rep. II 127 überliefert, in welcher er zwar erst nachträglich mit der ‚Willehalm'-Handschrift L vereinigt ist, vielleicht aber von vornherein zu ihrer Ergänzung bestimmt war. In SINGERS Ausgabe figuriert Λ (= Si. *C*) als Textzeuge für die *A-Version. Als solcher kann sie jedoch allenfalls in einem sehr eingeschränkten Sinne in Anspruch genommen werden. Welche *A-Verse, oft stark verändert, beibehalten sind, ist meiner Konkordanz[13] zu entnehmen. Wie frei der Redaktor mit Ulrichs Text umgegangen ist, zeigt gleich die Eingangspartie, wo er die Laissen 17–28 durch Exzerpte aus Wolframs ‚Willehalm' (5,17 – 6,8; 6,17 – 7,22) ersetzt hat. Ich berücksichtige im Apparat nur die erkennbar korrespondierenden Verse und lasse die Fälle beiseite, wo aus zweien einer oder aus einem zwei gemacht sind.

Ziel von SINGERS Edition war „die Bearbeitung durch den Dichter selbst" (Einleitung S. LX), die „zweite Auflage" (S. LXX) der ‚Arabel', die seiner Überzeugung nach in A abschriftlich vorliegt. Ihr ist er „überall gefolgt, wo sie irgend etwas bot, was der Dichter seiner Herkunft nach hätte geschrieben haben können" (S. LX). Von *R, SINGERS „zweiter Bearbeitung *B" (S. LXXVI), hat er die von *A abweichenden (geänderten oder hinzugefügten) Verse im Apparat in vollem Wortlaut (auf der Grundlage von H) mitgeteilt, sonst nur Lesarten.

---

[12] Eine alemannische Bearbeitung der ‚Arabel' Ulrichs von dem Türlin, Texte und Untersuchungen zur ‚Willehalm'-Rezeption, Band 1, Berlin/New York 1981.

[13] In der Einleitung zur ‚Arabel'-Bearbeitung (wie Anm. 12), S. XIX–XXVII.

Die Unterscheidung zweier abweichender Versionen ist nicht strittig. Daß *A dem Autor gehören muß, erhellt aus zwei Gründen:
1. Nur in *A ist die Wolframs 30er-Einteilung nachahmende 31er-Einteilung nahezu konsequent durchgehalten;
2. nur *A enthält das vollständige Akrostichon mit der Widmung des Werkes an König Ottokar II. von Böhmen.

Gliederung wie Dedikation müssen auf den Verfasser zurückgehen. Weder das eine noch das andere kann erst nachträglich durch einen Bearbeiter eingeführt sein.

Daß *R von einem Redaktor herrührt, ergibt sich daraus, daß in dieser Version
1. ein augenfälliger inhaltlicher Widerspruch des Autors korrigiert ist, wozu sich der Bearbeiter expressis verbis bekannt hat;
2. die Widmung an Ottokar fehlt;
3. zahlreiche Auslassungen, Änderungen und Zutaten begegnen;
4. die 31er-Einteilung öfter gestört ist.

Daraus folgt, daß *A jedenfalls authentischer ist als *R.

Für den Text von *A standen neben der Handschrift A (von der freien Bearbeitung Λ abgesehen) lediglich die ihr zuzuordnenden Fragmente Nrr. 2 und 4 zur Verfügung; für *R alle übrigen Handschriften (außer C), dazu die *R zugeordneten Fragmente Nrr. 6, 7 und 9: wo gleichwertige Lesartengruppen divergieren, ist die zu *A stimmende in den Text gesetzt. Die späte Handschrift C (= Si. g), der SINGER eine Schlüsselrolle zuerkannt hat, bleibt vorerst unberücksichtigt und wird später gesondert untersucht.

Der Text von *A ist nach Lage der Dinge in der Hauptsache derjenige der einen vollständigen Handschrift (A). Kursivierung bezeichnet Abweichung von dieser und das heißt in der Regel Konjektur.

Der Text von *R ruht auf ungleich breiterer handschriftlicher Grundlage. Kursivierung bedeutet hier bloß Abweichung von der Führungshandschrift B: die Lesart des Textes ist in (mindestens) einer anderen *R-Handschrift überliefert. B-Varianten sind immer angegeben, sonst im allgemeinen nur gruppenbildende. Zur Vereinfachung des Apparates wird für die nächstverwandten Handschriften W Wo E meist die Sigle Γ verwendet. Als Gruppe treten – wenigstens in den ersten 17 Laissen – auch B H 6 auf, während die Beziehungen zwischen V Ka Hn lockerer erscheinen. Daraus ergibt sich die provisorische Siglenfolge: BH6.VKaHnWWoE.

Der vorgelegte *R-Text dürfte für die ersten 17 Laissen einem kritischen mindestens nahekommen, doch wäre es unvorsichtig und voreilig, ihn vor der Konstituierung der übrigen 300 Laissen als solchen auszugeben.

Die Gliederung in Laissen, regelrechte und unregelmäßige mit zu vielen oder zu wenigen Versen, gilt für beide Versionen. Wie der Dreireim als Abschluß beweist, war sie bei Ulrich von dem Türlin nicht allein – wie bei Wolfram – zur Erleichterung des Zählens und zur Verhinderung des Verlustes von Versen bestimmt. Ihm schwebte ein strophenähnliches Gebilde vor, für das der aus der romanischen Philologie entlehnte Terminus Laisse nicht unpassend erscheint.

Meine parallele Druckanordnung soll die Plus- und Minusverse beider Versionen auch optisch hervortreten lassen. Unter den als gemeinsam angesetzten Versen begegnen neben wörtlich oder nahezu wörtlich übereinstimmenden mehr oder weniger stark abweichende, besonders dort, wo der Anschluß nach einer Auslassung oder Einschaltung wiederherzustellen war.

Die Orthographie ist die der Leithandschriften A für die *A-Version und B für die *R-Version. Nur in den folgenden Punkten bin ich davon abgewichen:

1. Großschreibung gilt, außer für Initialen bzw. am Laissenanfang, ausschließlich und regelmäßig für Namen und den ihnen gleichgeachteten Titel *Marcgrave* bzw. *Markis* für Willehalm.
2. Eine der mittelhochdeutschen Syntax angemessene Interpunktion ist eingeführt.
3. Abbreviaturen werden kommentarlos aufgelöst.
4. Ebenso *w* für *wu*.
5. Die Superscripta *e* und *i* als Umlautzeichen, auch für mhd. *iu* ($\overset{e}{u}$, $\overset{i}{u}$), *ie* ($\overset{i}{e}$) und *üe* ($\overset{i}{u}$), sowie $\overset{o}{u}$ = *uo* und $\overset{v}{o}$ = *ou* sind beibehalten und selbst dann gesetzt, wenn sie in parallelen oder analogen Fällen versehentlich fehlen, vielleicht bloß auf der Kopie nicht erkennbar sind. Sie sind übergangen, wo sie – wie öfter bei $\overset{i}{v}ns$ – nur als Vokalindex fungieren. Die Präposition *zu* ist in Auftakt oder Senkung als abgeschwächte Form neben *z$\overset{o}{u}$* belassen.

Die Kursivierungen im Text für in der Leithandschrift Falsches oder Fehlendes erstrecken sich auf das ganze Wort, wenn das ersetzte mit partiell übereinstimmenden Buchstaben eine andere Bedeutung hat oder haben könnte.

In den Varianten-Angaben bedeuten runde Klammern Ersatz, eckige Zusatz in einzelnen Handschriften. Bei leichten Abweichungen von der angegebenen Lesart steht die Sigle der Handschrift in Klammern.

Die Leiste zwischen Text und Apparat gibt über den Erhaltungszustand der Fragmente Auskunft:] zeigt fehlenden Versanfang, [fehlenden Versschluß an; ( ) weisen auf teilweise, (( )) auf gänzliche Unlesbarkeit.

Die Siglen sind, wie folgt, aufzulösen:
A   = Heidelberg, UB, cpg 395

2   = a) München, BStB, cgm 5249,6
       b) Regensburg, Bibl. d. Histor. Vereins im StA, Ms. misc. 62
4   = Berlin, StB, mgf 923,32
Λ   = Leipzig, UB, Rep. II 127
C   = Köln, Hist. Archiv, W 355
B   = Berlin, StB, mgf 1063
H   = Heidelberg, UB, cpg 404
6   = Wien, ÖNB, cod. Vindob. 3035
V   = Wien, ÖNB, cod. Vindob. 2670
Ka = Kassel, Murhardsche u. LB, 2° Ms. poet. et roman. 1
Hn = Hannover, Niedersächs. LB, MS IV, 489
W   = Wien, ÖNB, ser. nova 2643
Wo = Wolfenbüttel, Herzog August Bibl., cod. Guelf. 30. 12 Aug. fol
E   = Genf, Bibl. Bodmeriana, cod. Bodmer 170
7   = Prag, Kníhovna Národního Muzea, 1 Ea 35
9   = Berlin, StB, Nachlaß Suchier, K 17 (Abschrift des verschollenen Originals).

Die vorstehenden Editionsgrundsätze gelten auch für die übrigen neuen Texte in dieser Abhandlung.

*A 1,1   **A**ller wisheit ein anevanc,
         sit herze můt vnd gedanc
         dir nigent vnd vndertenig sint,
         so gedenke, sv̋zzer megde kint,
     5   daz dv mensch mit vns were
         vnd svnde doch verbere.

     7   ein got vnd doch drivalt,
         got vnd mensch mit gewalt,
         iezů dri, nv wan einer:
    10   wa wart wandelvnge ie reiner?
         din tvgent sich vns ofte chvndet:
         swi gar wir sin versvndet,
         mit helf dv dich vns neigest.
         da mit dv dich vns zeigest
    15   got vnd doch menschlichen:
         an form, an namen vns gelichen.
         dv Christ, wir christen: dv vnser heil.
         dv got, dv mensch mv̊ter halbe teil;
         dv schepfer, dv geschepfede chint;
    20   dv lew dv ar dv mensch dv rint;

1, 9 niuwon *A*.   18 mesch *A*.   20 lev *A*.

*R 1,1   **A**ller wisheit ein anevanc,   *f. 1*^ra
        sit hertze můt vnd gedanc
        dir nigent vnd vndertænic sint,
        so gedenke, sůzer meide kint,
   5   daz du mensch mit vns wære
        vnd sůnde doch verbære,
        mit den wir gar vervallen sin.
        vater *sun*, tů helfe schin,
        Jesu (da bi man dich erkenne,
 10 Crist) durch helfe ich dich nenne.
        ein got vnd doch driualt,
        got vnd mensch mit gewalt,
        iezů dri *nu* wan einer,
        sůze senfte vnd reiner,
 15 din tugen*t* vns ofte kůndet:
        swie gar wir sin versůndet,
        mit helfe *du dich* vns neigest.
        da mit du sůzer dich zeigest
        got vnd doch menschlichen:
 20 an forme, an namen vns gelichen.
        du Crist, wir cristen: du vnser heil.
        du got, du mensch můter halbe teil;
        du schepfer, du geschepfte kint;
        du lewe du ar du mensch du rint;

7: 1,1–8.   9: 1,((1[–7[)). ((19[–24[)).

1, 8 sůze *BH6. 7.*   9 Jesu *om. Wo.*   ich *VKaHnΓ*.   13 Ie *BH6,* Ihesu *KaE.*
dry wan itzund 6.   nit *B,* ni *Ka.*   14 Suzer *WE.*   semfter
H6.HnWE.   15 tugende *B.*   vns daz *VKaHnΓ.*   17 dich du *B.*   18
erczeigest *Γ.*   19 menschleich: geleich *VΓ.*   20 *vor* 19 *Ka.*   24 arn
KaHn.

*A 1,21 dv alt vor allem angenge,
dv ivnc, do menschlich gedrenge
dvrch vns dich in der krippe sloz;
dv in diner magenkraft so groz,
25 daz nieman dich gemezzen mac.
aller creatvr beiag,
herre, stet in dinen henden.
swaz lebt in den vier wenden,
osten westen norden svnder,
30 ob vns vnd ŏch vnder,   *f. 99rb*
lobt diner gotheit wunder.

*A 2,1   Wie hat din gotlich list gesvndert -
alles element des wundert -
svnne man, naht von dem tage!
an dem firmament der stern beiage
5 din gotlich wisheit fv̊ret.
swas sich daz element gerv̊ret,
din wort an lovff daz leitet.
der blaneten chraft arweitet,
daz si den himel wider vahen.
10 der stern snell vnd ir gahen
din eines hant beslv̇zzet.
ob dich nv rede niht verdrv̇zet,
dez genv̇zzet min sv̇ndig mv*n*t.

1, 31 Lobt *Si.*] Ob *A*.
2, 6 firmament *Si.*   13 mvt *A*.

*R 1,25   du alt vor allem anegenge,
        du junc, *do* menschlich gedrenge
        durch vns dich in der krippen sloz;
        du in diner mankraft so groz,
        daz nieman dich gemezzen mac.
    30 aller creature beiac,
        herre, stet in dinen henden.
        swaz lebet in den vier wenden,
        osten westen norden su*n*der,
        ob vns vnd ouch vnder,
    35 lobt diner gotheit wunder.

*R 2,1   *Wie* hat *din gotlich list* gesundert -
        des alles daz element wundert -
        svnne máne, naht *von dem* tac!
        an dem firmamente der sterne beiac
    5 din gotliche wisheit fůret.
        swaz sich daz element gerůret,
        din wort an laufe *daz* leitet.
        der planeten kraft arbeitet,
        wie sie den hymel wider vahen.
    10 der sterne snel*le* vnd ir gahen
        din eines hant beslůzet.
        ob dich rede nu nit verdrůzet,
        des genivzet min sůndic munt.

7: 1,29–35. 2,1–13.   9: 1,((25[–35[)).   2,((1[–9[)).

1, 26 du *BH6.VKa*, vor *Hn*.   27 dich *om. VKa*.   31 Stet herre *Γ*.   32 enden *Γ*.   33 suder *B*, svnden *H7*, suden *W*.   34 *om. B*.   35 *om. E*. deiner diener gotheit *H6.7*.
2, 1 Die *BH6.7*, Hie *V*. dine gotheit (be-*H6*) gesůd'st *BH6.7*.   2 Daz *VKa9*. alle di *VΓ*.   3 vnd den *B*, vnd *WoE*. tage : (be)iage *KaHnΓ*.   4 iag *VΓ*.   6 sich *om. Ka9*.   7 die *BH6.7*.   9 van : gan *B*.   10 snel *BH6.7*.

*A 2,14 sit dv bist sloz vnd bvnt
    15 der tieff, der breit ein selden port,
        der sv̇nde ein heil, der sele hort,
        ein sv̊zze ob aller sv̊zze,
        gv̇nne mir, daz ich mv̊ze
        dinen namen bringen ze lobe,
    20 des hŏhe swebt allen himeln obe,
        des grôze ist den himeln ze groz,
        des lenge hat ninder wider stoz.
        swa dv wilt vnd er sol,
        sv̊zzer, la dir gevallen wol,
    25 swi gar ich si versv̇ndet,
        ob ze lobe min mvnt dir kv̇ndet
        des gelŏben vnd des tat,
        der dir daz hie an verdient hat,
        daz er ze himel bvrger heizet,
    30 vnd dv̇ dvrch dich dikh ersweizzet:
        din glŏbe si dar zv̊ reizzet.   *f. 99ᵛᵃ*

*A 3,1 Schepfer, genann, vil werder Christ,
        wa wart erdaht an dih der list,
        den din sv̊zze gotheit vant,
        daz des abgrv̇ndes anewant,
    5 tal vnd berg vf wasser sizzet?
        dv̇ kraft mich an gelŏben witzet,

2, 30 dvi *A*.   ersweizzett *A*.
3, 5 v̊f *A*.

*R 2,14 sit du bist sloz vnd bunt
  15 der tiefe, der breite ein sælden port,
   der sůnde ein heil, der sele hort,
   ein sůze v̊ber alle sůze,
   gv̊nne mir, daz ich dich mv̊ze
   vnd dinen namen bringen zu lobe,
  20 des hv̊he swebt allen hymeln obe,
   des grv̊ze ist den hymeln ze groz,
   des lenge hat *nindert* wider stoz.   f. 1rb
   swa du wilt vnd her sol,
   sůzer, la dir gevallen wol,
  25 swie gar ich si versůndet,
   ob ze lobe min munt dir kůndet
   des gelauben vnd des tat,
   der dir daz an verdienet hat,
   daz her der hymel burger heizet,
  30 vnd si durch dich oft ersweizet:
   din gelaube si dar zů reizet.
*R 3,1 Schepfer, genanne, sůzer Crist,
   wa wær erdaht an *dich* der list,
   den din sůze gotheit vant,
   daz des abgrundes anewant,
  5 berge vnd tal vf wazzer sitzet?
   div kraft mich an gelauben witz*et*,

7: 2,14–19.   9: 2,((16[–18[)). ((22[–26[)). 27]–31]. 3,1]–6].

2, 16 sunden (sv̊nder *WoE*) hail *VKaΓ*.   selen *BE*.   18 grv̊ze *Γ*.   19 bringe *BΓ*.   21 den himeln ist *WWo*, dem himel ist *H6.VKaE*, des himeles ist *Hn*.   22 nirgen *Ka*, keinen *BH6.Hn*.   24 Sůzzer h^{s}re *H6*.   28 daz an dir *Ka9*.   30 Vnd durch dich sich *(VW)WoE*. si die *H6.Hn*. oft *om*. *Ka9*. versweisset *Γ*.   31 en *Ka9.W*.

3, 1 genane *B*, gnade *Γ*.   2 dir *B*.   4 anevanch *WoE*.   6 witzt *B*.

*A 3,7 sit ich dich weiz ewichlichen
an angenge wunders richen.
got mensch, der sůzzen meide svn,
10 die dv an menschliches tv̊n
mit grv̊z erwůrbe vnde wůrde geborn!
wol vns der lieben Even zorn,
daz den din gotheit also sv̊nt.
der trost an frŏden in vns grv̊nt:
15 din gelovb darzv̊ reitzet vns.
la mich geniezzen dines svns!
sit dv nv ein ob allem bist,
ivnc alt got mensch vnd Crist,
so gip mir helf, versag mir niht,
20 sit dir des min gelŏbe giht,
daz dv bist angenges ort.
gip mir sin vnd wort,
die mich der warheit wisen
vnd ŏch dinen namen prisen!
25 la dine helfe werden an mir schin!
ich Vlrich von dem Tv̊rlin,
han ich chvnst, dv̇ waz verborgen
dvrch valscher rede sorgen,
der nah dienste nv dv̇ werlde pfliget.
30 doch hat min herz mir angesiget,

3, 15 rainet *A*.   17 allen *A*.   21 dvz *A*.   29 wˢde *A*.

*R 3,7 sit ich dich weiz eweclichen
        ane angenge wunders richen.
        got mensche, miner vrawen svn,
     10 die du ane menschliches tůn
        grůzes erwůrbe vnd wůrde geborn!
        wol vns der lieben Even zorn,
        daz den din gotheit also sůnte.
        der trost an vræuden in vns grůnte:
     15 din gelaube dar zů reizet vns.
        la mich geniezzen dines svns!
        sit du nu ein ob allen bist,
        iunc alt got mensch vnd Crist,
        so gib mir helfe, versage mir niht,
     20 sit dir des min gelaube giht,
        daz du bist angenge vnd endes ort.
        gib mir sin vnd wort,
        die mich der warheit wisen
        vnd auch dinen namen prisen!
     25 la din helfe an mir werden schin!
        ich Vlrich von dem Tůrlin,
        han ich kunst, div was verborgen
        durch valscher rede sorgen,
        der nach dienste nu div welt pfliget.
     30 doch hat min hertze mir angesiget,

9: 3,7]–30].

3, 7 ewelichen *B*.   11 Grůztes *HnWWo*, Gruzens *Ka9*, Gelustes *V*.   12 eren *B*.   14 in *om. B*, an *Γ*.   15 Dˢ *B*, Die *H6*.   18 got *om. Γ*.   mensch *om. B*.   20 mein geloub dez gicht *WoE*.   21 ende vnd *B*.   23 Tů *BH6*.   die *B6.Ka9.Hn*, dir *H*.   beweisen *WoE*.   26 Turhein *WoE*.   29 die werlt nv pfligt *Γ*.   30 dir *6*.

*A 3,31 wie sich min wan gen zwivel wiget.   f. 99ᵛᵇ

*A 4,1 Han ich nv kvnst, die wil ich zeigen,
die min herze vil eigen-
lichen hat beslozzen,
der welt gar vngenozzen,
5 dvrch dis bůches angenge,
des materi vns vil enge
her Wolfram hat betůtet:
dv̇ wirt nv baz belůtet.
daz sprich ich niht vmbe daz,
10 daz mvnt ie gespreche bas.
ir svlt ez anderweit versten:
wie ez von erste můst ergen,
wer der grave waz von Naribon,
wie er dvrch todes gelt ze lon
15 enterbet sinv̇ werden kint,
war si komen vnd *wie* ŏch sint
wart gevangen der Acvrneis,
vnd wie dv̇ kv̇ngin der Arebeis

4, 5 dez Λ.   10 min munt Λ.   11 anderz Λ.   14 er *om.* Λ.   15 Enterbet wurden siniu kint Λ.   16 wie *Si.*] *om. A.*   17 Wie gevangen wart Λ.   18 de Λ.

*R 3,31 daz ich mů z kunst der welte zeigen,
die lange min hertze vil eigen-
lichen hat beslozzen
in taugenlichen slozzen,
,35 der welte gar vngenozzen.
*R 4,1   Han ich nu kunst, div zeige sich!

durch reine hertze, den wise ich
dises bůches rehtez angenge,
des *materie* vns vil enge
5 her Wolfram hat betůtet:
div iv wirt baz belůtet.
daz sprich ich nit vmme daz,
daz munt ie *gespræche* baz.
ir sult ez anderweide versten:
10 wie ez von erste můste ergen,
wer der graue was von Naribon,
wie er durch todes gelt ze lon
enterbte siniv werden kint,
war si kæmen vnd wie auch sint
15 wart gevangen der Akvrnoiz,
vnd wie div kůngin der Araboiz

9: 3,31]–32]. 33–35. 4,1–16.

3, 32 fur aigen *WoE.*   33 Haimleichen hat *WoE,* Hat mir *B.*   34 *om.*
W. tugentleichen *VKaHn.*   35 *om. Hn.*
4, 2 weiz *H6.Wo.*   3 Wises *B,* Ditz *Hn,* Des *VKa9.Γ.*   rehte *B,* reht *VΓ.*   4
Der *WoE.*   marter *BH6.*   6 *om. Ka.*   Die *B,* Der *H6.*   ůch *H6.Γ,* auch
V, nv *9.*   bas wirt *Γ.*   8 gesprach *BH6.*   10 must von erst *Γ.*   můz
BH6.   11 *über* graue: hainrich *B.*   12 totez *WoE.*   13 werde
VWWo.   15 Geuangen wart *KaWoE.*   16 de araboys *H.*

*A 4,19 mit im entran vnd wart getoͮft,
20 vnd wie tṽr er sit ir minn kŏft,
des Alizans wart bluͦtes var.
22 her Wolfram ez hat bescheiden gar,

23 wie liep dvrch lieb hie dolte not,
waz klarer oͮgen wurden rot
25 in iamer hie dvrch liebes leide.
ein herze leit si iagte beide,
cristen vnd oͮch die heiden,
der beider liebe minn weiden
bant hie sorgen richez pfat.
30 *dv̇* minn saget hie dvr minn mat,
der minn dvrch fremde *minn nie* geiat.   f. 100ʳᵃ
*A 5,1   *T*ibalt verlorne minn ieit.
minn flvht sih dvrch lieb entseit
zṽ dem, des minn waz noch ein.
stahel flins vnd stein
5 sich mṽsten von dem iamer kliͤben.
hie lazze wir sin die gelieben,
vnd helfet mir den flehen,
dez goͮtliches lehen
sich reinen herzen niht verseit,

4, 21 Daz Λ.   22 Daz het [vns C] her Wolfran ΛC, Si.   24 davon wurden
Λ.   30 Die A.   31 durchfremt nie minn getat Si.   dvch A.   nie minn A.
5, 1 Gibalt A.

*R 4,17 mit im entran vnd wart getauft,
vnd wie tivr er sit ir minne kauft,
des Alischantz wart blůtes var.
20 daz hat her Wolfram vns gar
betůtet an den striten zwein,
wie liebes liep *in* liebe schein,
wie lieb durch lieb hie dolte not,
waz clarer augen iamers rot
25 wurden hie durch liebes leide.
jamer lerte si beide,
cristen vnd die heyden,
der beider liebe minne weiden
bant hie sorgenriches pfat.
30 minne sage*t* hie durch minne mat
der minne durch vremde minne beiat.

*R 5,1 Tybalt *verlorne* minne *ieit*.
minne flucht sich durch liebe entseit
zů dem, des minne was noch ein.
stahel vlins vnd stein
5 sich můsten von dem iamer clieben.
nu lazen wir sin die gelieben,
vnd helfet mir den flehen,
des gŏtliches lehen
sich reinen hertzen nit verseit,

f. 1ʳᵃ

9: 4,17–31. 5,1–3.

4, 18 erkauft *WWo*, vˢkauft *E*.   19 blut var *Γ*.   22 bi *B*, an *Ka9*.   23 hie om. *Ka9*.   25 Hie wurden *Γ*.   30 sage *BH6*, sigt *Γ*.   31 om. *VΓ*. mīne ni geiat *Ka9*, nie minne geiat *Hn*.
5, 1 vˢlos nie *BH6*. leit *BVHnΓ*.   2 durch minne *Γ*.   3 der *WoE*.   5 dem om. *WoE*.   6 si sin *B*.

*A 5,10 daz ich des ritters werdekeit

11 also mit lobe sagen mǔzze,
   daz mich sin sele grǔze
   zů der frǒde, der niht ist obe,
   sit ich in hie mit grǔzze lobe
15 dvrch des gelǒben ere,
   des hant vil blǔtes rere
   mit swerten blǔmen hat gerert.
   sin nam da mit wart gehert,
   daz man dir krefte mǔste iehen.
20 so solh tat wart von im gesehen,
   din gotheit des was geprist.
   ob minen sin nv bewist
   din helfe, so wil ich kv̇nden,
   wie sin wisheit braht von sv̇nden
25 diner hant getat den hǒhsten span,
   den heiden gebvrt ie gewan,
   sit von Adam Eve wart genomen,
   vnd wie ez si dar zů komen:
   des bringet v̇ch daz mer wol inne.

*R 5,10 daz ich des ritters werdekeit –
der sich ie zu helfe bot,
swelch ritter in an růfet in not,
vnd noch vil *ofte* helfe tůt:
sin name ist noch zu helfe gůt –,
15 daz ich den hie so loben mů̊ze,
daz mich sin sel ze hymel grů̊ze,
vnd zu der vræude der nit ist obe,
sit ich in hie mit grů̊ze lobe.
durch des gelauben ere
20 sin hant vil blů̊tes rere
mit swerten blů̊men hat ge*rert*,
da mit du, Crist, wů̊rde gehert,
daz man dir krefte mů̊ste iehen.
alsů̊lhe tat wart von im gesehen,
25 din hoher nam des waz geprist.
ob minen sin nu bewist
din helfe, so wil ich ků̊nden,
wie sine wisheit brach*t* von sv̊nden
diner hantgetat den hö̊hsten span,
30 den heiden geburt ie gewan,
sit von Adam Eva wart genomen,
vnd wie ez dar zů si komen:
des bringet ivch daz mær wol inne.

5, 11 wirde *Γ*.   12 rief *VKaHnWoE*.   13 ofte *om. BWo*.   21 berert *VΓ*,
gegert *B*. gereret: geheret *H6*.   24 Solich *VKaΓ*, So sulch *Hn*. von im
wart *Γ*.   25 der was *WWo*, des ward *V*, der wart *E*. geprisit: bewisit
KaHn.   26 meine sinne *Γ*.   28 brach *B*.   29 Seiner *WoE*.   32 beko-
men *Γ*.   33 wol *om. VΓ*.

*A 5,30 si was dv̊ hőhste kv̊neginne,
 von gebvrt ein Araboisinne.

*A 6,1 Uil iamers den heidentv̊m begvrt.   *f. 100ʳᵇ*
 manik plani vnd fvrt
 von ir danvart war*t* blv̊tes var.
 sin minn si mint von herzen gar.
5 swi entrinne*n*s im niht wer gedaht,
 ir minn dvrch minn in dan doch braht.
 dv̊ minn was minne lones wert.
 swa minn mit minne so lones gert,
 der minne sv̊zz wil ich prisen.
10 swa minn ir sv̊zz so kan bewisen,
 dv̊ sel vnd lip *niht* krenket,
 swa minn sich so bedenket,
 der minn wil ich sv̊zze iehen:
 als Arabel lie hie minn sehen.
15 minn sv̊zz wol an ir minn schein.
 ir minn wolt niht wesen ein:
 si minnet hie vnd minnet o̊ch dort.
 des wisheit slv̊zzet allen hort,
 vnd des gv̊te gein sv̊nden wiget,
20 biz vnz sin sv̊zz an gesiget,
 dez minn ir wart vnd o̊ch div hie.
 als ir nv geho̊ret, wie

6, 3 war *A*.   5 entrinnes *A*.   11 niht *Si*.] nv *A*.

*R 5,34 si waz div hôhste kŭnginne,
    35 von geburt ein Araboysinne.
*R 6,1 Vil iamers den heyden*tům* begurt.
      manic plan vnd furt
      von ir danne varn wart blůtes var.
      sin minne si minnte von hertzen gar.
    5 swie entrinnens in nit wær gedaht,
      ir minne durch minne in dan doch braht.
      div minne was minne lones wert.
      swa minne mit minne *so* lones gert,
      der minne sůeze wil ich prisen.
   10 swa minne ir sůeze kan *so* bewisen,
      d*iv* lib vnd sel nit krenket,
      swa minne in minne sich so bedenket,
      der minne wil ich sůeze iehen:
      als Arabel *liez hie* minne sehen.
   15 minne sůeze wol an ir *minne* schein.
      ir minne nit wolte wesen ein:
      si minnete hie vnd minnete auch dort.
      des wisheit sliuzet allen hort,

      des minne ir wart vnd auch div hie.
   20 als ir nu gehôret, wie   *f. 1ᵛᵃ*

6, 1 heyden *B,* haiden do *V.*   3 blut var *Γ.*   4 Si mīnte in von *BH6.*   6 *vor* 5 *E.*   6 doch *om. VKaΓ.*   8 so *om. BKa.*   10 so *om. B.* weisen *VKaHnΓ.*   11 Die *B.*   12 in minne *om. VΓ.*   14 hie liez *B.*   14 *om. V.*   15 minne *om. B.*   16 *vor* 15 *B.*   16 wolt nicht *VW.*   17 auch *om. Ka.*   18 ort *KaW.*

*A 6,23 er wart gevangen vnd ŏch entran,
so lobt den sŭzzen, der so kan
25 mit so wunderlichen fŭnden
den menschen scheiden von den sŭnden.
als er sante Thoman ŏch sant
bekern India daz lant,
dem Markis alsam geschach:
30 er brahte si dan, der man iach
vil wirde vnd bi vns kristen sach.

*A 7,1 Man sagt vns daz *ze* Naribon *f. 100*^{va}
Ein grave waz, der hohen lon
In minn dienst mit lob erwarp.
Sin tat an wirde nie verdarp,
5 Torst ieman tat an in gern.
Er hiez Heimerich nach des meres wern.
Rich edel der fŭrsten genos,
Vor allem wandel waz er bloz,
Lvter ane valschez wanken,
10 Rein vnd stet. valsch gedanken
Im mŭt vnd herze wider riet.
Chv̇schlich geberde im daz beschiet:
Heimlich sin bi reinen wiben,
Von der grv̊z mag frŏde beliben,
15 Ob man si mit trv̇wen minnet.
Nemt war: swer sih gen in versinnet,

7, 1 ze *om. A.* 5 Getorst eht Λ. gab Λ. 9 wenken: gedenken *C, Si.* 12 daz *om. Si.* 14 becliuen *C, Si.*

*R 6,21 er wart gevangen vnd auch entran,
so lobet den sůzen, der so kan
mit vil wunderlichen fůnden
den menschen scheiden von den svnden.
25 als er sante Thoman auch sant,
daz er bekerte Indyam daz lant,
dem Markys alsam geschach:
er braht si dannen, der man iach
vil wirde vnd bi vns kristen sach.

*R 7,1 Man sagt vns daz von Naribon
Ein graue was, der hohen lon
In minne dienst mit lobe erwarp.
Sin *pris* auch nie dar an verdarp,
5 Torst ieman tat an in gern.
Er hiez Heimrich nach *des mæres wern*.
Riche edel der fůrsten genoz,
Vor allem wandel was er bloz,
Luter an valsches wenken,
10 Rein vnd stæte. valsch gedenken
Im můt vnd hertze widerriet.
Chůschlich gebærde im beschiet
Heimlich sin den reinen wiben,
Von der grůze mac vræude bliben,
15 Ob man si mit triwen minnet.
Nemt war: wer sich gein in versinnet,

6, 21 auch *om. VKaΓ*. 23 vil *om. WoE*. 24 den *om. VΓ*. 27 ouch alsam Γ.

7, 4 preis dar an nie *VKaHnWWo(E)*. tat *BH6*. 5 begern Γ. 6 den mern *B*. 10 *vor* 9 *Wo*. 12 Kůschlich *H6.HnΓ*, Kůsch *B*. in *WWo*. 13 den *om. Γ*. 14 becliben *WWo*. 16 gein in *om. VW*.

*A 7,17 Dem git ir minnenklichez grůzen
Ein lon, daz minn kan sůzzen.
Man seit von edelm gesteine:
20 Tar ieman iehen *mit* rehter meine
Von wůnn, dv̊ sich gelich den frowen?
Reiner mv̊t *mint* werdes schowen,
Liebet im ir minne sůzze.
Ich wil daz niht so hohe grůze –
25 Nimmer enge ich gesteines haz –,
Hoher wibe grůz tv̊ herzen baz
Aller hande frevde (ze iehen
Tar ich) danne gesteines sehen.
Mich wundert ob ieman anders si.
30 Ich wen, vnd wer er den frowen bi
Heinlich, er wůrde des zwivels fri.

*A 8,1 Groz wunder nem mih niht   *f. 100ᵛᵇ*
(Ein so sůzze frevd von wibe geschiht):
Mȏht man der frȏden wider strit,
Alse ich e seit, dv̊ an frowen lit,
5 Chranz oder tanz gelichen,
Heinlich sorge mv̊st entwichen.

Ein frowen frȏd mann an gesiget.
Tanz seitspil niht wider wiget
Der frȏde, die ir vil sůzzer lip
10 Erbv̊tet. sit dvrch sůzz ein wip
Man minnt, den namen vnd dvrch *schȏwe*
(Ei wie sůzz) dvrch frevd ein frowe,

7, 20 mit *Si.*] von *A*.   22 nimt *A*.   27 An aller *Si*.   30 den *om. C, Si*.
8, 1 nem *Si*.] nam *A*.   3 fröud en *Si*.   11 schȏwe *Si*.] schȏne *A*.

*R 7,17 Dem git ir minnecliches grůzen
Ein lon, daz minne kan sůzen.
Man seit von edelm gesteine:
20 Tar ich geiehen mit rehter meine
Von wůnne, div sich gelichet den vrawen,
Reiner můt minnet werdes schawen,
Liebet im ir minne sůze.
Ich wil daz iht so hohe grůze,
25 Nimmer gewinne ich vrawen haz,
Hoher wibe grůz tůt hertzen baz.
An aller hande vræude ze iehen
Tar ich dan edler steine sehen.
Mich wundert, ob ieman anders si.
30 Ich wærn, und wær er vrawen bi
Heimliche, als dicke geschiht,
Groz wunder nåm mich niht,
Ein so *sůziv* vræude an vrawen lit,
Mõhte man der vræude wider strit

35 An deheim dinge gelichen,
*Ch*ůrtzlich geseit, man liez entwichen
Heimliche sorge, der man vil pfliget.
Ein vrawen vræude manne an gesiget:
39 Tantz seitenspil ir grůz wider wiget.

7, 20 iehen *VKaHnΓ*.   21 den *om. VΓ*.   22 můz *H6*.   24 ich *KaHn*.   27 sehen: iehen *VΓ*.   28 Getar *Γ*. gestain *WoE*.   30 wær ich *BVΓ*.   33 groz *B*.   34 vræuden *BW*.   35 dehainen dingē *VKaHnE*.   36 Chuerzleich *V*] Kůrtzlich *cet*.   37 der sorge *H6*.   38 gesigt *B*.

*A 8,13 Dvrch reht sol man in fröden iehen.
  Ein svͤzz wip, swa sich dv̇ sehen
15 Lat, liep dvrch lieb, zwei herz daz svͤzet.
  Nv wu̇nsch ich, den min herze grvͤzet,
  Cv̇scher minn von wibes svͤzzen,
  Von Beheim lande, des tvgende grvͤzen
  Nimt vil herzen sorgen pfliht.
20 Ich mein den edelen, dem man giht
  Chv̇nklicher wirde vnd milter tat.
  Heil fröde fride man o̊ch hat
  Von dem kv̇nig in vier landen,
  Otakker. ob den namen nanden
25 Nieman mer dann werdv̇ wip,
  Benamen sinen edelen lip
  Ein sterben mv̊st vermiden.
  Heil, selde an vindes liden
  En gemein *iv* ist. wunsch von frowen
30 *Iv* bv̇tet gvnst. nv lat tvgende schowen!
  Min dienst iv niget mit disem bowen.

*A 9,1 Swer wib nv minn, dem werde ir grv̊z!   f. 101ʳᵃ
  dise rede ich hie lazzen mv̊z,
  den edeln ritter bringen fv̇r,
  des tat in prislicher kv̇r
5 ze velde dike wart gesehen.
  man dorft in niht fv̇r die lazzen spehen.
  sin ellen dik erzeiget daz,
  wie sin vientlicher haz

8, 18 tvgenden *A*.   19 Nimt *Si*.] Ein *A*.   27 mv̊st *A*.   29 En *Si*.] Din *A*.   er *A*, im *Si*.   30 Nv *A*, Im *Si*.   la *Si*.   31 Min *Si*.] Din *A*.   im nig *Si*.
9, 3 wil ich bringen *A*.   4 kẏr *A*.   6 die *om. C, Si*.

*R 8,1 Swer in si holt, dem werde ir grůz!
  dise rede ich nu lazen můz,
  den edeln ritter bringen fůr,
  des tat in prislicher kůr
5 dicke ze velde wart gesehen.
  zageheit dorft man hie nit spehen.
  sin ellen dicke erzeigte daz,
  wie sin vintlicher haz

8, 1 den *Wo,* dē *E.*   2 Die *B.* nu *om. H6.*   6 torst *VKaHnΓ.*

*A 9,9 der heiden chraft mit tat zestŏrt.
    10 ir habt ŏch e wol gehŏrt,
       daz vnverre lit dv̇ heidenschaft
       von Naribon, der witv̇ kraft
       im dikk erbot vi̊nde haz.
       der fv̇rste an manheit niht laz
    15 den heiden daz so wider lit,
       dez vns noch vrkv̇nde git
       du̇ aventv̇r an stillen rv̊n.
       dv̇ heidenschaft waz sin hoves zvn,
       dv̇ wan dri mil von im lac.
    20 vf velde, vf mer waz ir beiac,
       wie sie bræhten in ze schaden.
       von siner tat wart dike verladen
       ir kraft, daz manz ze velde kos.
       sin werdekeit nie pris verloz,
    25 daz er tsumpfentv̇r erlit.
       svs tet *sin* tat den heiden qvit,
       der vngelŏb in dike swert.
       doch wart von siner kraft gelert
       des landes vil vnd ŏch gereint.
    30 die vi̊nde er so mit zorn meint,
       daz manig amye beweint.

9, 10 habent dikke wol *Λ*.   11 heidenhaft *A*.   13 viendez *Λ*.   15 Der haiden craft so *Λ*.   -leit: geit *Si*.   17 roun *Si*.   18 zovn *A,Si*.   21 Wie *Si*.] Die *A*.   23 Haimriches craft man wol *Λ*.   25 erlitt *A*.   26 sit *A*.

*R 8,9 der heyden kraft mit tat zestȯ̆rt.
    10 ir habt liht e gehȯ̆rt,
        daz *vn*verre lit d*iv* heidenschaft
        Naribon, der witv́ kraft
        im dicke erbot der vinde haz.
        der fůrste an manheit nit laz
    15 den heiden daz so wider lit,
        des noch vrkůnde git
        d*iv* auentůre an stille*n* run.
        div heidenschaft was sin houezun,
        div wan drie mile von im lag.
    20 vf velde, vf mer waz ir beiag,
        wie si *bræhten in* zu schaden.
        von siner tat wart dicke v̇berladen
        ir kraft, daz manz ze velde kos.
        sin werdekeit nie pris verlos,
    25 daz er da schumpfentůre lit.
        sus tet sin tat den heiden quit,
        der vngelaube in dicke swert.
        doch wart von siner kraft gelert
        des landes vil vnd auch gereint.
    30 die vinde er so mit zorne meint,
        des manic amie weint.

f. 1ᵛᵇ

8, 10 dicke *HnΓ*. 11 nu v᷎re *B*. die *B*. 12 wite *B*. 14 ze laz *VΓ*. 15 so *om. H6*. 17 Die *B*. stillem *B*. 18 seines houes zaun *VKaΓ*, sin hoves tv̊n *Hn*. 19 Nit *B*. ẘl *KaHn*. 21 in bræhten *BH6.VKaHn*. 23 mā *BH6*. 25 da *om. VKaΓ*, eyn *Hn*. entschůpferture *KaHn*. 28 Do *B*. 30 so *om. H6*. 31 vil manich *VWoE*, manch stoltz *W*.

*A 10,1 Der grave dwanc die heiden vil.   *f. 101ʳᵇ*
         lant vnd sin gemerkes zil
         er fridet mit vil manger tat
         swaz Portigal landes hat
    5 vnd von Yspani daz gemerk.
         al dv̇ heidensche sterk
         vrlende nam ze Naribon,
         die der grave dvrch des himels lon
         vnd doch mit arbeit dikk bestv̊nt.
   10 sin manlich herze nv̇t vil sv̊nt.
         swi sich gelv̊k bv̊t gein dem kloben,
         so begvnde er ie mit rv̊fe loben
         di trinitat, dv̇ in geschv̊f.
         vnder helme dike wart sin rv̊f
   15 mit andaht zv̊ dem hȯhstem fride.
         dar zv̊ rv̇rt er so dv̇ lide
         mit grosser kraft vnd die sinen,
         daz fv̊r moht in die himel schinen,
         daz vs den helmen gleste.
   20 des glȯben ellende geste
         mv̊sten hie dvrch not sich wern,
         alde si litten solh pern
         von swerten vnd von kv̇ln,
         daz chvnde wunden fv̇ln.
   25 daz velt von blv̊te schein gerȯtet,
         so Naribon so wart benȯtet
         mit starkes legers v̇berkraft.
         daz galt in so sin ritterschaft,

10, 1 der Λ,*Si.*   2 Sin lant Λ.   6 Und alle Λ.   die *A.*   haidenliche
Λ.   9 Vnd doch *om.* Λ.   10 manlich *om.* Λ.   sich nit vil mit in Λ.   sv̊nt
A.   13 di *A.*   26 so *om.* Λ.   genœtet Λ.

*A 10,29 als ir nv gehŏret,
   30 wie er daz velt betrŏret,
    do er ir leger stŏret.
*A 11,1 Sin helfer waz der hŏhste solt.
    dv̇ ritterschaft nv̇t anders wolt,
    dv̇ im do waz dvrch helfe bi.
    ich wen, ir doch vil lv̇zel si,
   5 die bi dem markis hie nv sin.
    si valt dort heidenlicher pin,
    si sint vor gotte: der helfe vns dar!
    man nam ir hie niht in nŏten war
    an dem stvrm, als v̇ noch wirt
   10 bechant: ir helf man da enbirt.
    ir helfe vns helfe, da si sint
    geladet fv̇r des himels kint:
    da habent si frŏde immer mere.
    die rede ich wider kere
   15 vnd sag v̇ von des graven tat,
    den aventv̇r dik gerichet hat,
    daz er des landes vil erstreit:
    wol sehzig mile veldes breit,
    daz dienen mv̊ste siner hant.
   20 den helt man ie in wer vant
    ze velde mit strit vnd vf dem se:
    da tet sin kraft den vinden we.
    diz waz bi Karls ziten,
    des gewalt man kos vil witen,
   25 als ir noch bewiset wert.
    wie Karls herze strites gert,

f. 101ᵛᵃ

10, 31 stŏrt *A*.
11, 8 nimt *Si*. 9 stv̊rm *A*. ivA. 15 v̇ch *A*. 17 Der grave dez Λ.
 22 vinde *A*. 23 bi künic Λ. 24 do koz Λ.

*A 11,27 daz wol schein an Paligan
          vnd an Marsili: diz wil ich lan.
          grave Heimerich dez half vil ser.
       30 der nie von vinde tet wider ker,
          den twanc nv iamers ler.
*A 12,1   Naribon wart gevangen gar,   f. 101ᵛᵇ
          des dikk dv̇ heide wart missevar
          mit heiden, als es wær ein mvr.
          daz mv̊st dem helde werden svr.
        5 swa man in ze velde sach,
          da wart den blv̊men blv̊tes dach,
          ob man sin tat wolde schowen.
          ov̊ch het *er* ein edel frowen,
          der wipheit gemv̊t vnchv̇sche nie,
       10 ir reine herze daz wær ie
          mit scham tv̇r beslozzen.
          ov̊ch waz ir lip vnverdrozzen
          gen dem si liebe solde tragen.
          ir zweir herze liebe iagen
       15 vnminn moht gekrenken niht.
          dv̇ aventv̇r von in beiden giht,
          daz ein liep ir beider *libe* gvrt.
          ov̊ch warn si fv̇rsten von gebvrt,
          ir adel selten mv̊r verstiez.
       20 dv̇ grævin Irmenzart si hiez

12, 1 bevangen *Si.* 3 muor *Si.* mv̊r : svr *A*. 8 er *Si.*] der grave Λ, *om.*
A. wip Λ. 17 libe *Si.*] liebe *A,Si.* (*Berichtigungen, S. LXXXVII*). gv̊rt
A. 18 wan *A.* 19 aldel *A.* 20 Fro Irmenshart diu selbe Λ.

,Arabel'-Studien I

*R 9,1   Naribon wart ofte bevangen gar,
          des dicke div heide wart missevar
          mit heiden, als ez wær ein mur.
          daz můst dem helde werden sur.
      5   swa man in ze velde sach,
          da wart den blůmen blůtes *dach*,
          swer sin tat wolte schawen.
          auch hete er ein edel vrawen,
          der wipheit gemůte vnkůsche nie,
     10   ir reine hertze daz *wær* ie
          mit schamen tůre beslozzen.
          auch was ir lip vnuerdrozzen
          gein im, dem si solte liebe tragen.
          ir zweier hertze liebe iagen
     15   v*n*minne mohte gekrenken niht.
          d*iv* auentůre von in beiden giht,
          daz ein liebe ir beider libe gurt.
          auch warn si fůrsten von geburt,
          ir adel selten *můr* verstiez.
     20   d*iv* græuin Irmenschart si hiez

9, 1 ofte *om.* *Γ*.   2 Daz *B*.   6 bach *B*.   9 vnkůscheit *B*.   10 reines *B*Γ. waz *B*.   11 Mit scham tewerleich (tewr *E*) *WoE*, Vil wol mit scham *W*. tewer *V(Ka)*.   14 liebe *om. VKaHnWWo*, darumb *E*. lagen *H6*.   15 Vmmīne *BKa*, Vmb minn *V*. nit *B*.   16 Di *B*.   17 liebe *H6.HnWoE*.   19 muer *V*, movr *W*, mure *BH6.Ka*.   20 Di *B*. si *om. V(W)WoE*.

*A 12,21   vnd was bv̇rtik von Pauie.
von waz geschiht daz ergie,
daz sv̇ Heimerich ze wibe wart?
daz fv̊gte sich von einer vart,

12, 22 geshihte kome daz Λ.

*R 9,21 vnd was bůrtic von Pauie.
von waz geschihte daz ergie,
daz si dem grauen wart ze wibe,

div vorder rede belibe.
25 ein ander mær vns des twinget,
daz doch div auentůr zů bringet,
wie ez geschach vnd von wem.
ob ir nu wollet daz ich nem
dise rede zů der auentůre,
30 so wirt der sin gehůre
vnd sůzet vns die rede gar.
do der kristentům was helfe bar –
daz waz vor wol drizzec iar:
10,1   Der reine Karl do keyser was,
des helde beguzzen grůnes gras
mit swerten durch *vil* manigen helm,
daz von *blůte* blůmen vnd melm
5 sich *tauten* in dem engen tal
von keyser Karl ze Runzeual
vnd von sinen not gestallen,
die mit maniges heydens vallen
dienten dem hôhsten segen.
10 so v̊berkraft wolt ir tat verlegen,
si riefen zů der hôhsten hant,
die in ie von hymel helfe sant.

9, 25 betwinget *H6*.   28 nu *om. VΓ*.   32 Da *B*, Daz *H6*.
10, 2 gruene *VHnΓ*.   3 vil *om. B*.   4 blůte *om. B*.   5 Si *Ka.* tauften *BE*, torten *H6*, zogeten *Ka*, tovwerten *W*, erweˢten *Wo*.   12 ie *om. VΓ*.

*R 10,13 wan si dem tode dicke nahten,
des landes fürsten do gedahten
15 daz si *den* kristentům besanten
vnd mit ir helfe iamer anten,
den *der* heidentům begieng an in.
grauen vrien her vnd hin
durch helfe wurden besant.
20 den hŏhsten den man mir nant,
den div auentůre meinet hie,
des weg gein Lamparten gie
durch helfe mit Karl dem lamprůre.
ob der auch selbe nach helfe fůre?
25 ja, des was im dicke not:
vil werder helde *im der* tot
stræute vor der heiden swerten.
die *wan* des hŏhsten lones gerten,
dirre welte sůzze si ahten ni*h*t.
30 der keyser gewan, als man giht,
vil helde, die sterben vorhten niht.
*R 11,1 Mit starkem her kert Karl wider.
an dirre widerverte sider
wart Irmenschart do Heimerich.
ir tugent hatte so geliebet sich:
5 daz lant alles von ir tugende seit,
in Pauie was nit so schŏn ein meit.
diz waz lange vor der vart

f. 1^{vc}

10, 15 die kristen *B*. 16 ir *om. VKaHnWoE*. 17 die heiden begiengen *B*. 19 gesant *H6.KaHnE*. 20 mā vur vant *H6*, man mir want *Hn*. 23 karlen *Γ*. Lampartûer *V*, lampůre *B*. 24 selbe ouch *Γ*. 26 in den *BH6.E* 28 dān *BH6*. 29 nit *B*. 30 also *KaHnW*, so *VWoE*.
11, 3 so haimleich *V*. 5 Daz alle (al das *W*) lant *HnWE*. 6.7 nicht ein maget / So schŏn *Γ*.

*A 12,25 do Karle Rome besaz
vnd er vientlichen haz
dar warf. sit er des riches pflac,
vnd er mit sig in ob gelac,

12, 27 An si warf do Λ.

*R 11,8 (daz si Heimrich zu wibe wart),
do der bapst Leo wart geblant,
10 alda Willehelmes hant
pris begienc: der was noch vngeborn.
dar nach lange wůhs des keysers zorn
vf die Rŏmer *nach* der heiden fluht.
durch sŏlher tat vngenuht
15 Karl Rome vmmesaz.
sinen keyserlichen haz
zeiget er, wan er des riches pflac.

diz was vor vil manige*m* tac,
daz Heimrich gewibete sich.
20 in dirre tat *wert man* mich,
daz Willehelm wart die wunde.
der masen er in *angest* stůnde:
Kyburge můste *er si* wisen,
doch sin hohgelobtes prisen
25 vil kristen lost, daz si ez sach.
swie iamer doch sin hertze brach
nach gar verlornem kůnne,
in truren *můst hie* wesen wůnne.
minne liebe in des twanc,
30 vnd die im hertz vnd gedanc
hatte beslozzen an allen wanc.

11, 13 nach *om. B.* 15 gar besaz *VKaHnΓ.* 16 Sein [vil *WoE*] chaiserleicher *VKaHnΓ.* 17 Sich zaiget wan *VKaHnΓ.* 18 manigen *BKaHnW.* 20 gewert man *VHn,* man werte *B.* 21 wurd *Γ.* wunt *V,* gewunt *KaHn,* sere wunt *WoE,* alda wunt *W.* 22 engesten *B.* stuent *VKaHnΓ.* 23 er si *om. BH6.KaHn.* 26 durch *VΓ.* 28 hie můst *B.* 29 Minnen liebe *B,* Minn *V,* Vil werde minne *W,* Lieb vnd minn *WoE.* 30 vor 29 *Hn, am Rande nachgetragen E.* Die *VKaHnΓ.* 31 Beslossen het *Γ.*

*A 12,29 ir fianz im bv̊zze bot.
   30 *nv* sag *ich v̇*, warvmbe die not
      waz, dez meniger lac da tot.

*A 13,1 Dv̇ schvlde waz wol rache wert.   f. 102ʳᵃ
      ir vnbescheiden*h*eit dv̇ gert
      an dem babest vngehort dinc.
      daz waz ketzerie ein vrsprinc:
    5 des babest ler si da von tre*i*p.
      der haz also lang beleip.
      eines tages der babest dar nach saz
      in consistorio, do man maz
      reht gen reht von menger klage;
   10 wan gelich alle*r* zvnge iage
      den stv̊l ze *Rome* sv̊chen sol,
      swa reht da heim hat krvmbe dol.

12, 29 Vianz Rom im ze Λ.   30 Nv sag ich v̇ *Si.*] Vnd sag vch *A.*   31 Davon maniger Λ.
13, 2 vnbescheidenkeit *A.*   3 ungehortiu *Si.*   4 Des *Si.*   5 trep *A.*   10 alle *A.*   11 Rome *Si.*] rehte *A.*

*R 12,1 Kyburg in hatte fúr einen heiden.
　　　　in sůfte gebernden leiden
　　　　durch trost er vor der porten hielt:
　　　　schumpfentûre *mit gewalte sin* wielt.
　　5 lieb wider leide hie wag.
　　　　do si in *in* liez vnd sin pflag,
　　　　die liebe in beiden sorge nam.
　　　　nu hóret mere, wie ez quam
　　　　von Karl, der nu dem rich waz vor.
　10 der belag ze Rome al div tor,
　　　　biz ir vianze *im* bůze bot;

　　　　des vil maniger lag hie tot.
　　　　wa von der kummer wære,
　　　　daz saget iv hie daz mære.
　15 div vntat was wol rache wert.
　　　　ir vnbescheidenheit die gert
　　　　an dem bapst vngehorte dinc.
　　　　daz was ketzerie ein vrsprinc:
　　　　des bapstes lere si da von treip.
　20 der haz also lange beleip,
　　　　bis der bapst einst gesas　　　　　　　　　　　*f. 2ra*
　　　　in consistorio, da man mas
　　　　reht gein rehte in maniger clage;
　　　　wan gelich aller zungen iage
　25 den stůl ze Rome sůchen sol,
　　　　swa reht da heim hat krummen dol.

───────────────────────────────────────

12, 2 sifte gebárdn̄ *6.Hn*, sust gebernden *V*, sust geberden *Γ*, sůze gebærden
B. 　4 Sin schumpfentûre mit gewalt behielt *H6*. sī mit gewalte *B*. 　6 So
BH6. si in liez *BH6.VHnWo*. 　9 was dem reich vǒr *VKaHnΓ*. 　11
　　　triwe
fiancz *Wo*. in *BH6.VHn*. 　12 gelach *VWWo*. da *WoE*. 　14 v̇ch
H6.Γ. 　17 den *VKaHnWoE*. 　19 treipt: bleibt *B*. 　24 alle *H6*. zvnge
H6.VKaHn. lage *Γ*. 　26 chrůmbe *VKaHnΓ*.

*A 13,13 dvrch solh genade der babest da ist.
nv̊ wůhs der Romær zorns frist
15 ze sere gein dem babest hie.
vf dem stv̊l den babst ir kraft nv vie,

vnd fv̊rten in mit schalle hin
zv̊ dem Capitolio, da si in
dvrch rat giengen ze aller zit.
20 ir rat im daz fv̊r nv lit,
daz er si liez ir willen han,
ald ez mv̊st im *an* daz leben gan.
der babest vorht niht ir dro
vnd sprach ‚wizzet, ich bin vro
25 swaz ich dvrch reht liden sol'.
nv warn si hazzes gein im vol
vnd wolten in verderbet han.
sv̇mlich daz dvhte missetan:
‚dv̇ werlt richet die missewende;
30 bezzer ist, daz man in blende
vnd gewaltes da mit wende'.
*A 14,1 Dv̊ rache an dem babest ergie.   *f. 102*^{rb}
nv hv̊p sich grozzer iamer hie.
botten lv̇ffen sa zestvnt,
dem keiser wart daz mære kvnt.
5 er besaz Rom, alse ich e seit.
des wider fv̊r in herze leit:

13, 14 wv̊nschs *A*.   19 zeit : leit *Si*.   20 hohfart *Si*.   fv̊r *A*.   21 wille
A.   22 an *Si*.] om. *A*.   28 dv̊hten *A*.   29 Die *A*.
14, 1 hie an *A*.

*R 12,27 durch reht*es* sliht der bapst da ist.
nu wůhs der Rŏmer zornes vrist
zu sere gein dem babest hie.
30 vf dem stůl man den bapst vie:
durch gotes vorhte man des nit lie.
*R 13,1 Den babst man fůrte mit schalle hin
zů dem Capit*oli,* da si in
durch rat giengen zaller zit.
ir hohfart im *daz fůr* nu lit,
5 daz er si liez ir willen han,
oder ez můste im an *daz* leben gan.
der *Leo* vorhte nit *ir* dro.
er sprach ‚nu wizzt daz ich bin vro,
swaz ich durch reht liden sol'.
10 nu warn si gein im hazzes vol
vnd wolten in verderbet han.
Sumlich daz duhte missetan:
‚d*iv* welt richet die missewende;
bezzer ist, daz man in blende'.

15 div rache an dem babst ergie.
nu hůp sich grozzer iamer hie.
boten liefen sa zu stunt,
dem keyser wart daz mære kunt.
Rome er besaz, als ich iv seit.
20 des widerfůr in hertzeleit:

12, 27 reht *B6.*   28 zorne *H6.E.*   29 So *VΓ.*   30 bapste *B,* om. *VΓ.*   31 dez *H6,* das *Γ.*
13, 2 capitel *B6.*   4 daz om. *B.*   vor *BKaHn.*   5 irn *BVKaHnΓ.*   6 sin *BH6.Ka.*   7 [Seht *W*] Do envorcht er nicht *Γ.* Dˢ lewe *B,* Der nu *VKaHn.* die *B.*   12 Sůmeliche *BKa.*   daucht daz *WoE,* diff. *W.*   13 Die *B.*   17 so *H6.*   18 Vnd taten daz dem kaiser (dem keiser das mere *W*) kvnt *Γ.*   19 v̇ch seit *H6.E,* e seit *WWo.*   20 im *6.V.*

*A 14,7 er vertet die, der dv̊ schvlde waz;
bovmgarten hvs vnd palas
9 zestort er vnd bland ir vil.

10 dis stv̊nt an des tages zil,
der phingsten ist genant.
der keiser an den babste sant,
daz er zv̊ der messe bereite sich.
der keiser sprach ,nv wil ich
15 besehen, ob got tvgende hat.
læit er nv gotliche tat
an mines brv̊der o̊gen sehen,
so wil ich im krefte iehen.
ob er sin tvgent an vns ert
20 vnd vns hv̊te fro̊de mert,
erbv̊t sin gv̊te *vns die* ere,
daz git vns fro̊den lere,
vnd sterket an gelo̊ben mich'.

14, 7 ersluoc Λ.   10 stvnt *A*.   12 An den babest er do Λ.   13 Unt er zer messe were bereit Λ.   19 Ob er *Si*.] Oder *A*.   21 vns die *Si*.] vnd dv̊ *A*.

*R 13,21 er *vertet* die, der div schulde was;
baungarten hus vnd palas
er zestorte vnd blante ir vil.
der Markys liez hie kindes spil,
25 daz manige*n* schiet da von leben.
ir hohfart sich nit wolte ergeben,
wan des Margrauen herte,
div was in da bo̊se geuerte.
der Markys dicke hurte dan,
30 biz er erstreit die letze in an.
d*iv* wunde im wart, doch kom er dan.

*R 14,1 Diz stůnt an dem pfingstage:

der keyser durch go̊tlich beiage
den babst hiez bereiten sich.
er sprach ,fůr war, nu wil ich
5 besehen, ob got tugende hat.
lat er nu go̊tliche tat
an mines brůder augen sehen,
8 so wil ich im krefte vnd tugende iehen,

9 vnd sterket an gelauben mich'.

13, 21 v˚darbte *BWoE*, v˚teilte *Ka.* die *om. H6.VKaHnΓ.* 25 manig˚
B. do *W, om. VKa.* von dem *VΓ.* 26 wolt sich nicht *Γ.* 28 Waz in da
WoE, Důcht sie *W.* ein boz *Γ.* 30 Biz daz er *B.* ervacht *VKaHn
WoE.* 31 Die *B.*
14, 1 Dise stunde *H6.* 2 gotliche *BHn.* 3 Der *H6.* 5 got *om. H6.* tu-
gent *H6.VWoE.* 6 gerechte *Γ.* 8 tugent *H6.VΓ.*

*A 14,24 der babest nv hat bereit sich
   25 vil rein, swi er niht gesach.
      sin confiteor er nv sprach
      mit manigem reinem pfaffen hie.
      dar nach er zů dem alter gie,
      ze himel er sine hende bot.
   30 vil reiner ǒgen wart hie rot.
      der iamer da vil herzen sot.
*A 15,1 Der babest sa die messe an hv̊p.
      hie wart ein iamers richer v̊p
      von weinen zv̊ der hôhste*n* hant.
      got nv sinen engel sant,
    5 do er daz bv̊ch vf getet,
      vnd brahte die ǒgen sa ze stet
      vnd sazte si wider schon als vor.
      der babest hv̊p sin hende enbor
      vnd sprach vil lvte ‚lobt den sv̊zen,
   10 des vatterliches grv̊zen
      min lieht mir hat gegeben wider'.
      svs viel er vor dem alter nider.
      alhie waz weinen vngespart.
      der keiser also vro nv wart,

   15 daz got die tvgent het getan.
      zv̊ der messe greif man san,
      dv̇ wart nach gottes lob volbraht.

_____

14, 24 bereitet *Si.*
15, 2 Hie *Si.*] Ie *A.*   3 hohster *A, Si.*

*R 14,10   der bapst hatte *nu bereitet* sich
            vil reine, swie er nit gesach.
            sin confiteor er nu sprach
            mit manigem reinen pfaffen hie.
            dar nach er zů dem alter gie,
       15   zu hymel er sine hende bot.
            vil manic auge wart hie rot,

            do der bapst die messe an hůp.
            hie wart ein iamers richer ůp:
            si weinten zů der hŏhsten hant.
       20   got *nu* sinen engel sant,
            do er daz bůch vf getet,
            er braht div augen im zu stet
            vnd satzt si wider als da vor.
            der bapst hůp sin hende enbor,   f. 2ʳᵇ
       25   er sprach ,nu lobt den sůzzen,
            des væterliches grůzzen
            min lieht mir hat gegeben wider'.
            sus viel er fůr den alter nider.
            hie waz weinen vngespart.
       30   der keyser Karl so vro nu wart,
            daz in nit rav sin heruart.
*R 15,1   Gotes tugent hatte hie wol getan.
            zů der messe greif man san,
            div wart nach gotes lobe vollebraht.

14, 10 Nu het der pabst bereitet *Γ*. bereit nu *BH6.KaHn*.   11 doch nicht
WoE. ensach *VKaΓ*.   12 nu *om. WoE*.   16 da *KaΓ*.   17 Da *BH6.V*,
om. Ka.   hůp̄ : ruf *Ka*.   18 iamerlicher *HnΓ*.   wůb *Γ (V)*.   20 im *B*, do
WoE.   28 vor *KaHn*.   29 wunn *VΓ*.   vnverspart *VKaHnΓ*.   30 do
WoE.

*A 15,18 dar nach der keiser do gedaht
gein lande. den babest ze Rom er lie.
20 mit frǒden dar nach sin vart ergie
ze Pavei, als ich gesaget han,
alda Heimerich ze wib gewan
froen Iımenschart: dv̆ waz do meit.
daz lant von ir schǒni seit.
25 ein grave, ir vatter, der waz tot.
vrien graven dvrch si litten not,
doch enwolt der keiser nv̇t enbern,
man mv̊ste in an der meide gewern.
dem graven Heimerich gap er si.
30 man fv̊rt si dan, *da* er ir bi
gelac. si waz vnkv̇sche vri.

*A 16,1 Die grævin man braht ze Naribon.
nv han ich *v̇ch* bewiset schon,
wie si im ze wibe wart.
ir herz liep gein im niht spart: *f. 102vb*
5 der grave waz ir frǒden weide.
siben sv̊n si hetten beide,
der nam ǒch war*t* wol lobes wert.
ir herze tvgende vnd prises gert,
vntat an in betroge*n* wart.
10 frou Milt vnd Ere mit fliz bespart
ir gedanc vor misse*w*ende tat.
iegelicher fv̊rsten namen hat,

15, 24 al von *Si*.   25 græve *A*.   29 sie: bie: vrie *A*.   30 do *A*.
16, 2 vch *Si*.] om. *A*.   3 im heimerich *A*.   7 war *A*.   9 betroge *A*.   10 From *A*.   11 missende *A*.

*R 15,4 dar nach der keyser do gedaht
    5 zu lande. den bapst er hie lie.
      mit *schoy* dar nach sin vart ergie
      zu Pauei, als ich gesaget han,
      da er die vrawen vor gewan.

      daz lant het alles vmme sie not:
  10 ein graue, ir vater, der was tot.

      doch wolt der keyser nit enbern,
      man muste in an der meide wern.
      dem grauen Heimerich gab er si,
      der do lag der meide bi.

15 sus quam si zu Naribon.
      nu han ich *ivch* bewiset schon,
      wie si im zu wibe wart.
      ir hertze nit triwe gein im spart:
      der graue was *ir* vræuden weide.
20 siben svne si heten beide,
      der name *wart* auch wol lobes wert.
      ir hertze pris vnd tugende gert,
      vntat an in betrogen wart.
      vrawe Milte vnd Ere mit vlizze bespart
25 ir hertze vor vntugende tat.
      ir ieglicher fursten namen hat,

15, 5 Ze *H6.VWoE*.   6 Mit schov *B*, Mit schon *E*, Muntschoÿ *6*.   8 Do *VE*, Das *W*.   12 gewern *VKaW*.   14 Do d^s *B*.   15 alsust *Γ*.   ze *HV*.   16 ivch *om. B*.   19 in *omn*.   21 was *B*.   wol *om. WoE*.   22 tugent *VWoE*.   26 Ir itsleich *WoE*, Ir ietliches *W*, Iklich *Ka*.

*A 16,13 als in waz wol geborn an.
    von in wil ich die rede lan
  15 vnd sagen, wie vngelv̊ke sit
    si verweist, den man lop noh git.

    ir werder vatter, als ich e seit,
    der mit tat ofte lob beieit
    vnd wirde vil, als man im iach:
  20 ze einer zit daz so geschach,
    daz ein grave vnd doch sin man,
    do grave Heimerich gie vrli̊vg an,
    im kom ze helf mit ritterschaft,
    vnd also daz siner kraft
  25 der helfe waz vil vnd genv̊c.
    sinem herren er vil liebe trv̊g,
    wan er sin kint erhaben het,
    einen schônen svn, alse dick erget.
    der jvncherre Florete hiez.
  30 der vatter von rat in niht enliez,
    er sterben lebens in verstiez.
*A 17,1 Er sprach ‚svn tv̊ daz ich ie tet,
    wis getrv̊we zv̊htig vnd stet
    dinem heren mit trv̊wen mit.
    behalt dar an minen sit,   *f. 103ʳᵃ*
  5 wizz, so wehst dir eren vil'.

16, 22 vrli̊vg *A*. 31 sterben lebens *Si.*] steirbens leben *A*.
17, 1 tv̊ *Si.*] tv̊t *A*. 3 mit ganzen *Si*.

*R 15,27 als si was wol geborn an.
           von in wil ich die rede lan
           vnd sagen, wie vngelůcke sit
       30 sie verweiste, den man lob noch git,
           swie ir werder lip begraben lit.
*R 16,1   Graue Heimrich, als ich iv seit,
           der in ritters prise vil ofte beieit
           vil gantzer wirde, als man im iach:
           zu einer zit daz so geschach,
        5 daz ein edel graue vnd doch sin man,
           do graue Heimrich gie ein vrlæuge an,
           im kom zu helf mit ritterschaft,
           vnd also daz siner kraft
           der helfe was vil *vnd* genůg.
       10 sime herren er vil liebe trůg,
           wan er sin kint erhaben het,
           einen schônen svn, als dicke erget.
           daz kint Heimrich nach im hiez.
           der vater im riet, do er in liez,

       15 er sprach ,svn tů als ich ie tæte,
           wis getriwe zůhtic vnd stæte
           dime herren mit willen mit.
           halt dar an, svn, minen sit,
           wizze, so gewinnes du eren vil.

16, 1 nv *H6.V*, euch *WE*.   2 Der oft in ritters prise *Γ*.   wis *H6*.   heiete *H6*, beiet *Ka*.   4 iz so *VΓ*, so daz *Ka*.   5 edler *H6*.   6 Do heimrich graf di (ein *W*) *WWo*, Du greif heinrich di *KaHn*, Do graff hainreich die *E*.   grauē *B*.   graif di *V*.   nam *E*.   9 vngenůg *B*.   13 kint ouch *WoE*.   15 ich *om. H6.VW*.   e *Γ*.   17 in (an *Ka*) gantzem willen *VKaHnWWo*, wis mit ganzen trewn *E*.   18 mein *WoE*, mine *W*.

*A 17,6 nv kom ŏch des vrlv̇ges zil.
    7 grave Heimerich nv varn sol,

    8 da ritterlicher tæte dol

    9 sich bieten mv̊z ze velde,
  10 alda ritterlichv̇ melde
      sich zeigen mv̊z mit vrecher tat.
      vrlop er nv genomen hat

      vnd vert da hin, da er nv streit.
      sin poinder da vil mangen ieit
  15 vs dem satel in den samen.
      die sinen sich ŏch *vůr* namen,
      daz manz bevant in dem strite.
      dez veldes breit vnd ŏch wite
      mit starkem hvrte si dvrch mazzen.
  20 disen strit wil ich nv lazen.

17, 6 vrlv̇ges *A*.   16 vůr namen *Si*.] vernamen *A*.

*R 16,20   ez wirt liht mines endes zil
           zů disem strite, dar ich nu var.
           die lere din triwe, svn, wol bewar.
           mit minem herren ich varn sol,
           da ritterlicher tæte dol
       25 sich halten můz gein der herte.
           des wil ich wesen sin geverte,
           ez si vf bergen so in velde,   f. 2^{rc}
           swa ritterlich*iv* melde
           sich zeigen můz mit frecher tat'.
       30 der graue da mit vrlaup nu hat,
           vnd vert dar in sin herre bat.
*R 17,1   Heimrich nu quam da er streit.
           sin pondir da vil mangen ieit
           mit valle in der blůmen samen.
           die sinen sich auch fůr namen,
        5 daz manz bevant in dem strit.
           des veldes breit vnd auch wit
           mit starkem hurte si durch mazzen.

           die helde sich nit vergazzen:
           swa si *die herte* sahen,
       10 da wart vil snelles gahen
           von ponderlichen hurten.
           vf plan vnd auch in furten

16, 20 mein *VWWo.*   21 nu *om. VΓ.*   24 Der *H6.*   27 pergen oder auf
VKaΓ.   28 ritterliche *B.*   30 Da mit der graf nv vrloup *Γ.*   31 verte *H6.*
17, 1 chom nu da er *VKaHnW,* chom da er nu *WoE.*   2 lait *VΓ.*   3 vallen
WoE, vollen *V.*   4 sine *KaHn,* sune *6.*   6 die wit *H6.VΓ.*   8 si
H6.E.   9 div her *B,* die here *H6,* die herren *E,* den herrē *Ka.*   11
ponderleichem *VWWo.*

*A 17,21 Heimerich gesiget vnd verloz.
sin siges vlisen er do kos
an im, der sin gevatter waz.
sin blůtes floz begoz daz graz.
25 do Heimerich den schaden vant,
daz wal rvmt er sa zehant.
sinen gevattern er dan fůren hiez:
svmelich er hinder im doch liez.
sinz gevattern vergas er niht.
30 nv hóret leit daz hie geschiht,
daz triwen vnd doch flůste giht.

17, 22 Si *A*.   24 Des *Si*.   26 rv̊mt *A*.

*R 17,13 waz ir *ieit* mit kreften.
          mit hurte si in die storie heften,
     15   des manic helm sich entrant.
          Heimrich man in der dicke vant
          vnd den grauen, sinen gevater.
          mit swertes slegen bater
          die vinde daz velt hie rumen.
     20   da enwaz nit o̊rses zaumen.
          Heimerich gesigte vnd verlos.
          sin starkes verliesen er nu kos
          an dem, der sin gevater was.
          des blůtes *floz* begoz daz gras.
     25   Heimerich den schaden nu bevant:
          daz wal rumte er sa zu hant.
          den grauen er dannen fůren hiez,
          der sinen er vf dem wal nit liez.
          zefůret waz der vinde pfliht.
     30   nu ho̊ret leit, daz hie geschiht,
          daz triwen vnd doch verlůste giht.

17, 13 reit *B*, iagen *VГ*, iklich *KaHn*.   16 Hainreichen *VГ*.   18 er do pater *WoE*.   19 wal *VKaHnГ*. roumen : zoumen *HVHnГ*, růmen : zůmen *Ka*.   22 Ein *HKa*.   24 fluz *V*, flůt *HHnГ*, fluht *B*, guß *6*.   26 altzehant *WoE*, tzu hant *W*.   27 dan *HVKaHn*, danne *WE*.   28 sune *6*, sůme *H*.   30 daz leit *H6.E*.   31 ouch *WoE*.

III
div vorder rede belibe

Daß ein mittelalterlicher Schreiber, der eben dadurch zum Bearbeiter wird, inhaltlich von seiner Vorlage abweicht und das eigens begründet, ist so häufig nicht und verdient um so mehr Beachtung. Im vorliegenden Falle erregte ein frappierender Widerspruch in der Erzählung, der dem Dichter unterlaufen war, die Aufmerksamkeit eines Schreibers und setzte seine Selbständigkeit in Bewegung.

Bei der Vorstellung von Willehalms Vater *Heimrich von Naribon* und seiner Mutter *Irmenschart von Pavie* berichtet der Erzähler auch *von waz geschiht daz ergie, / daz sv̊ Heimerich ze wibe wart* (*A 12,22 f.):

> *A 12,24 *daz fv̊gte sich von einer vart,*
> *do Karle Rome besaz*
> *vnd er vientlichen haz*
> *dar warf. sit er des riches pflac,*
> *vnd er mit sig in ob gelac,*
> *ir fianz im bv̊zze bot.*

Gemeint ist der Italienzug Karls des Großen, der mit der Bestrafung der aufständischen Römer endete, die sich des Papstes Leo bemächtigt und ihn geblendet hatten. Auf inständiges Gebet des Kaisers tut Gott ein Wunder und gibt dem Papst das Augenlicht zurück. Nachdem die Ruhe wiederhergestellt, die Schuldigen hingerichtet oder geblendet, ihre Häuser zerstört sind, verläßt Karl Rom und begibt sich nach Pavia:

> A 15,22 *alda Heimerich ze wib gewan*
> *froen Irmenschart: dv̊ waz do meit.*
> *daz lant von ir schöni seit.*
> 25 *ein grave, ir vatter, der waz tot.*
> *vrien graven dvrch si litten not,*
> *doch enwolt der keiser nv̊t enbern,*
> *man mv̊ste in an der meide gewern.*
> *dem graven Heimerich gap er si.*

30 *man fůrt si dan, da er ir bi*
    gelac. si waz vnkůsche vri.

Als derselbe Papst später um die Trauung Willehalms und Arabel-Gyburgs gebeten wird, willigt er sofort ein wegen der Verdienste des Markgrafen im Kampf gegen die Heiden (‚*keisers Karles fröden můder / von Paligan were ab getrant / wan dez Markgraven hant*‘ *A 287,8–10) und aus persönlicher Dankbarkeit, denn

*A 287,11 ‚*ŏch dienot er vns ze Rome vil,*
           do Romer nides zil
           mich blande vnd von fröden schiet.
           sin swert alda dvrch mich verschriet
       15 *daz manic frŏwe beweinet*‘.

Demzufolge gehörte auch Willehalm zu Karls Begleitern auf jenem Italienzug und zeichnete sich dabei besonders aus, worauf Gyburg im ‚Willehalm‘ zu sprechen kommt, als der vernichtend geschlagene Markgraf als einzig Überlebender in Arofels Rüstung Einlaß begehrt:

W 91,27 ‚*do ir durh aventiure*
         bi Karlen dem lampriure
         nach hohem prise runget
     30 *und Rom*æ*re betwunget,*
92,1   *Eine masen die ir enpfienget do*
         durh den babest Leo,
         die lat mich ob der nasen sehen.
         so kan ich schiere daz gespehen,
         ob irz der marcrave sit:
         alerst ist inlazens zit‘.

Daß Heimrich ebenfalls an diesem Feldzug teilgenommen hat, wird dadurch nicht ausgeschlossen, aber er kann nicht Irmenschart erst auf dem Rückmarsch von einem römischen Aufstand geheiratet haben, an dessen Niederwerfung ihrer beider ältester Sohn bereits mitwirkte.

Man wundert sich, daß Ulrich von dem Türlin den eklatanten Widerspruch nicht bemerkt hat. Falls SINGERs Hypothese zuträfe, hätte er ihn sogar bei der von ihm selbst vorgenommenen durchgreifenden Umarbeitung wiederum stehen lassen. Wieviele Abschreiber ihn gleichfalls anstandslos hingenommen haben, ist nicht mit Sicherheit zu sagen, weil von dieser Version nur die eine vollständige Handschrift existiert. Die Reste von fünf weiteren (Nrr. 1–5) bieten nichts aus den hier zur Erörterung stehenden Partien des Romans. Obwohl es nicht zu beweisen ist, darf angenommen werden, daß sie auch in diesem Punkte zu *A stimmten, wie es in der auf ein Viertel des ursprünglichen Umfangs komprimierten ‚Arabel'-Bearbeitung Λ der Fall ist: *A 12,23–29 = Λ 109–115; *A 287,11–15 = Λ 2012–2016.

Dem alemannischen Bearbeiter hat auch die in der Handschrift A folgende ‚Fortsetzung' nach Vers *A 312,10 vorgelegen, von der die Fragmente Nr. 2 und Nr. 4 ebenfalls Teile enthalten. Der mit ihrer Hilfe erreichte, mindestens erstrebte bessere Anschluß an Wolframs ‚Willehalm', der in den meisten Handschriften unmittelbar auf die ‚Arabel' folgt, hätte ein zusätzlicher Anlaß sein sollen, Widersprüche zwischen Vorgeschichte und Hauptgeschichte zu vermeiden bzw. auszumerzen.

Wir haben Grund zu der Annahme, daß die unstimmige Chronologie, als die ‚Fortsetzung' entstand, bereits bemerkt worden war: in der Redaktion *R = SINGERs Recension *B. In allen zu ihr gehörenden Handschriften reicht der gemeinsame Text nur bis Vers *A 312,10. Der erste, dem die Unstimmigkeit auffiel und den wir mit Fug Redaktor nennen, hat nicht stillschweigend geändert, sondern den Fehler angeprangert:

*R 9,24   *div vorder rede belibe.*
          ein ander mær vns des twinget,
          daz doch div aventûr zv̊ bringet,
          wie ez geschach vnd von wem.

div vorder rede muß sich auf die vorgefundene Antwort des Dichters auf die in den unmittelbar voranstehenden Versen gestellte, auch in *A vorausgehende Frage: *von waz geschihte daz ergie, / daz si dem grauen wart ze wibe* (*R 9,22f.) beziehen, denn die hat der aufmerksame Redaktor gestrichen und durch eine richtigere ersetzt. Seine Begründung für den Eingriff ist *ein ander mær* (*R 9,25), ‚eine andere Geschichte', welche *div auentûr zv̊ bringet* (*R 9,26), ‚die im Erzählablauf nachfolgt', und die eine andere Darstellung der Rom-Episode: *wie ez geschach vnd von wem* (*R 9,27) enthielt: Wolframs tragischer Roman.

Obgleich nicht alle Handschriften der ‚Arabel'-Version *R als Teil einer Willehalm-Trilogie mit Wolframs unvollendetem Werk und der ‚Rennewart'-Fortsetzung Ulrichs von Türheim zusammen überliefert sind, spricht einiges dafür, daß schon unser kritischer Redaktor diese Vereinigung beabsichtigte bzw. einen dahingehenden Auftrag hatte:

*R 9,28   *ob ir nu wollet daz ich nem*
          dise rede zv̊ der auentûre,
     30   *so wirt der sin gehûre*
          vnd sûzet vns die rede gar.

Er macht sich anheischig, den fatalen Irrtum des Autors zu korrigieren, damit *der sin gehŭre*, ‚in sich stimmig' und ohne Anstoß für den Leser werde. Erklärtes Ziel des Bearbeiters ist, *dise rede*, die ‚Arabel'-Vorgeschichte, mit der Gesamt-*aventiure* von Willehalm und Gyburg in Einklang zu bringen. Heimrichs Vermählung mit Irmenschart in Pavia, stellt er unter Hinweis auf die Chronologie fest, *waz lange vor der vart, // do der bapst Leo wart geblant, / alda Willehelmes hant / pris begienc: der waz noch vngeborn* (*R 11, 7–11).

Ein schwerer Vorwurf gegen den allzu sorglosen Autor und für uns ein beachtenswertes Zeugnis dafür, daß Widerspruchslosigkeit der Handlungsführung nicht erst ein neuzeitliches Bedürfnis darstellt, sondern von einem anspruchsvolleren Publikum auch im Mittelalter erwartet wurde.

War der Dichter schwach in Geschichte, so ist es der Redaktor in Geographie. Er hat die Hochzeit von Willehalms Eltern zwar chronologisch, aber nicht geographisch richtiger mit den Ereignissen von *Runzeual* (*R 10,6) und dem Rache-Feldzug Karls in Verbindung gebracht, der sonderbarer Weise durch *Lamparten* (*R 10,22) führt.

Für einen historisch Gebildeten war das genauso unbefriedigend. Der Bearbeiter der ‚Weltchronik' Heinrichs von München im cgm 7377 aus Kremsmünster (μ₃) hat sich mit Recht daran gestoßen und von sich aus eine unanfechtbare Lösung beigesteuert: *do Karl fŭr aldo / auf den chŭnik Desiderio / vnd mit im [Hainreich] verainet wart, / an der selben vart / ward Irmschart Hainreich do* (f. 263ᵛᵃ). Auf einem Langobarden-Feldzug also, das paßte gut.

Jedenfalls, *daz Heimrich gewibete sich, / diz was vor vil manigem tac* (*R 11,18 f.), lange vor dem römischen Aufruhr und der Blendung des Papstes, denn bei der Belagerung der Stadt durch Karl trug Willehalm seine Nasennarbe davon, die im ‚Willehalm' als Erkennungszeichen eine Rolle spielt.

Die Richtigstellung des erzählerischen faux pas erforderte insgesamt 79 Verse, die in einen Einunddreißiger der Vorlage (an Stelle von *A 12,24) einzuschieben waren. Das hatte die Umorganisation einer ganzen Erzählpartie zur Folge, so daß erst mit der 18. Laisse der Einunddreißiger-Anfang in beiden Versionen wieder zusammenfällt.

Der Redaktor hat die *A-Laissen 10 und 11 ausgelassen, war jedoch im übrigen bemüht, möglichst wenig Text verloren gehen zu lassen. Die Verse *A 12,25–27 = *R 11,15–17 hat er für die angebliche Heimkehr von *Runzeual* über Pavia verwenden können. Mit *R 12,11 = *A 12,29 nimmt er Ulrichs Text wieder auf, doch stehen diese Verse bei ihm nach dem Hinweis auf Gyburgs Identifizierung Willehalms an Hand der in Rom empfangenen Narbe am rechten Ort. Ein zusätzliches Reimpaar: *wa von der kummer wære, / daz saget iv hie daz mære* (*R 12,13f.) bildet den Übergang zur Leo-Episode und grenzt sie gegen die vorher berichtete Verlobung Heimrichs in Pavia ab. Ein neuer Einschub (nach *A 14,9) weist ausdrücklich noch einmal auf des jungen Willehalm Mitwirkung an der Befreiung des Papstes hin:

*R 13,24   der Markys liez hie kindes spil,
            daz manigen schiet da von leben.
            ir hohfart sich nit wolte ergeben,
            wan des Margrauen herte,
            div was in da böse geuerte.
            der Markys dicke hurte dan,
    30   biz er erstreit die letze in an.
            div wunde im wart, doch kom er dan.

Aber dann bringt ihn seine Vorlagentreue in Schwierigkeiten. Ulrichs anachronistischer Bericht von Heimrichs Hochzeit in Pavia ist in *R nicht getilgt, nur modifiziert:

*A 15,20 ~ *R 15,6   mit schoy dar nach sin vart ergie
      21   zu Pauei, als ich gesaget han,
      22   da er die vrawen vor gewan.
      24   daz lant het alles vmme sie not:
      25   10   ein graue, ir vater, der was tot.
      27   doch wolt der keyser nit enbern,
      28   man müste in an der meide wern.
      29   dem grauen Heimerich gab er si,
      30/31   der do lag der meide bi.
    16,1   15   sus quam si zu Naribon.

Kein Zweifel, daß dem Redaktor das Dilemma, in das er durch die Beibehaltung der Verse geriet, nicht entgangen ist. Er glaubte wohl, ihm halbwegs entronnen zu sein mit der plusquamperfektisch zu nehmenden Wendung *da er die vrawen vor gewan* (*R 15,8 ~ *A 15,22), ‚wo Heimrich die Herzogin vor langer Zeit geehelicht hatte', die den ganzen folgenden Bericht über seine Verlobung und das Beilager mit Irmenschart in die Vorvergangenheit verwies: bis ‚so war sie nach Naribon gekommen'. Aber das mögliche Mißverständnis war nicht gänzlich ausgeräumt.

Die Änderung hat überzeugt: von zehn erhaltenen vollständigen Handschriften sind acht (B H V Ka Hn W Wo E) der Version *R gefolgt, von den 16 fragmentarischen noch einmal zehn (Nrr. 6–15). Die ursprüngliche, vom Dichter herrührende (*A) steht mit einer vollständigen und fünf durch Bruchstücke bezeugten Handschriften weit dahinter zurück.

Die durch die inhaltliche Korrektur in Laisse *R 9 = *A 12 ausgelösten Verschiebungen hatten zur Folge, daß Text und Zählung beider Versionen erst ab *A 17,21 = *R 17,21 wieder konform gehen. An der Bauform der Laissen wollte der Redaktor so wenig wie möglich ändern. Alle betroffenen Einunddreißiger (*R 9–17) enden mit Dreireim, und nur die 9. Laisse, der Ort des Eingriffs, hat ein überzähliges Reimpaar.

Die vorausgehenden Laissen (*R 1–8) weisen ebenfalls Dreireim-Schlüsse auf, sogar *R 7, die *A 7 + 8 entspricht und des zwar reduzierten, im übrigen aber nicht zerstörten Akrostichons wegen 39 Verse zählt. Von den restlichen sieben sind drei (*R 2, 4, 8) reguläre 31er-Abschnitte. In *R 6 ist ein – entbehrliches – Reimpaar (*A 6,19f.) ausgefallen oder ausgelassen, so daß die Laisse nur 29 Verse hat. Auffälliger sind die drei 35er-Abschnitte (*R 1, 3, 5).

In der fünften Laisse sind zwischen die *A-Verse

          10 *daz ich des ritters werdekeit*
und   11 *also mit lobe sagen mv̊zze*

in Parenthese zwei neue Reimpaare eingefügt:

    *R 5,11 *– der sich ie zu helfe bot,*
             swelch ritter in an rv̊fet in not,
             vnd noch vil ofte helfe tv̊t:
             sin name ist noch zu helfe gv̊t –

die, wie bereits SINGER (Einleitung S. LXXVI) bemerkt hat, „unter Einfluss von Wolfram" stehen:

    W 3,12 *ieslich riter si gewis,*
          swer siner helfe in angest gert,
          daz er der niemer wirt entwert,
          ern sage die selben not vor gote.

Daß der Redaktor mit dem ‚Willehalm' vertraut war, hat seine Umdatierung von Heimrichs Hochzeit bewiesen: er hat offenbar auch sonst selbständig auf ihn zurückgegriffen. Ulrich selbst hatte kein Hehl daraus gemacht, daß er inhaltlich wie stilistisch von diesem Roman gezehrt hat, den er ergänzen wollte. Diese Abhängigkeit war für jeden aufmerksamen ‚Arabel'-Leser offenkundig. Weitere ‚Willehalm'-Reminiszenzen einzuflicken, lag daher für literarisch gebildete Abschreiber – und ein solcher war unser Redaktor – nahe. Ob der nur in Parenthese unterzubringende Zugewinn die Aufspaltung des Satzes *daz ich des ritters werdekeit / also mit lobe sagen mv̊zze* (*A 5,10f.) und die Überdehnung des 31er-Rahmens lohnte, ist eine andere Frage.

Die Verlängerung der dritten Laisse in *R ist dadurch zustande gekommen, daß der Bearbeiter den Anfang von *A 4, 1–4 an *A 3,30 angeschlossen hat.

Die vorweggenommenen Verse dienen dem Ersatz des letzten Dreireimverses *wie sich min wan gen zwivel wiget* (*A 3,31):

> *R 3,30 *doch hat min hertze mir angesiget,*
> *daz ich můz kunst der welte zeigen,*
> *die lange min hertze vil eigen-*
> *lichen hat beslozzen*
> *in taugenlichen slozzen,*
> 35 *der welte gar vngenozzen.*

*A 4,1 ist zu *R 3,31 umgestaltet, *R 3,34 des Dreireims wegen hinzugetan.

*R 4,1 wiederholt dann *A 4,1 in abermals abgewandelter Gestalt, die mit Hilfe des Zusatzverses *R 4,2 den Sinn verschiebt. Mit *R 4,3 wird der Anschluß an *A 4,5 gewonnen:

> *R 4,1 *Han ich nu kunst, div zeige sich!*
> *durch reine hertze, den wise ich*
> *dises bůches rehtez angenge.*

*A 4,2–4 waren vorher verbraucht, so daß in *R ein Reimpaar zu wenig war, das hinzugedichtet und zwischen

> *A 4,22 *her Wolfram ez hat bescheiden gar,*

und *A 4,23 *wie liep dvrch lieb hie dolte not*
geschoben wird:

> *R 4,20 *daz hat her Wolfram vns gar*
> *betůtet an den striten zwein,*
> *wie liebes lieb in liebe schein,*
> *wie lieb durch lieb hie dolte not.*

Mit *den striten zwein* sind die beiden Schlachten auf Alischanz gemeint. Die Ergänzung ist zwar unnötig, aber nicht ungeschickt, und sie macht die vierte Laisse in *R zu einem regulären Einunddreißiger.

Der Anstoß zur Umgestaltung des Schlusses von *A 3 und des Eingangs von *A 4 ist in dem etwas dunklen Vers *A 3,31 zu vermuten: *wan gen zwivel*, ‚Hoffnung gegen Verzweiflung'? Wenn er so gemeint gewesen sein sollte, so war das jedenfalls ein nicht weiter erörtertes Thema. Die Umformung der Selbstaussage des Dichters durch den Redaktor bringt keinen neuen Gedanken hinzu, unterstreicht jedoch Ulrichs Überzeugung, sein poetisches Vermögen zu lange und zu Unrecht unterdrückt zu haben: *daz ich můz kunst der welte zeigen* (*R 3,31). Ob sie die Störung des Strophenmaßes wert war, steht wiederum dahin. Daß sie nachträglich sein muß, ist hier noch deutlicher als bei der Erweiterung der Laisse *R 5.

Es bleiben noch die beiden Zusatz-Reimpaare in der ersten *R-Laisse nach den Versen *A 1,5f. = *R 1,5f.:

*R 1,5 *daz du mensch mit vns wære*
vnd sünde doch verbære,
mit den wir gar vervallen sin.
vater sun, tû helfe schin
Jesu (dabi man dich erkenne
Crist) durch helfe ich dich nenne.[14]

Eine Erzählung in 31er-Abschnitten mit einem 35er-Abschnitt beginnen zu lassen, war ungeschickt und ist dem Dichter gewiß nicht zuzutrauen. Was den Redaktor dazu veranlaßt hat, ist schwer zu sagen. Am ehesten der Wunsch, das Gotteslob des Dichters noch zu mehren. In diese Richtung weist der längste Einschub in *R, der aus Gebet und Frauenpreis besteht, die beide gleich überschwenglich sind.

Er ist zwischen *A 135,13 und *A 135,16 interpoliert. Die *A 135,14.15 entsprechenden *R-Verse haben mit jenen nur den Reimklang -*e* (135,14) bzw. das Reimwort *gevangen* (140,15) gemeinsam. Die Interpolation reicht in der Bearbeitung nach deren Zählung von *R 135,14 bis *R 140,15 und beträgt insgesamt 155 Verse oder fünf Laissen, zwei zu 31, eine zu 33, eine zu 27 Versen; die fünfte addiert sich wegen des Beginns und Endes in einer Laissen-Mitte aus 18 + 15 Versen, denn der gleiche Reimklang in *A 135,14 / *R 135,14 und *A 135,15 / *R 140,15 macht noch keine gemeinsamen Verse. Die Laisse *R 137 ist nur in BH überliefert, in VKaHnWWoE offenbar ausgelassen.

Ich stelle wiederum einen quasi kritischen Text von *R auf der Grundlage von B voran unter Einschluß des mit *A gemeinsamen (nicht immer gleichlautenden) Anfangs von Laisse *R 135 und des Endes von Laisse *R 140.

---

[14] Zur Interpunktion der Verse 8–10 siehe KRAUS (wie Anm. 9), S. 51.

*A 135,1   *R 135,1   Niht *vil rede mer* hie ergie.   *f. 11ᵛᵇ*
                                si sprach ‚nu hỏr, ich laz dir hie
                                daz gesinde hůte mit dir.
                                die slůzzel fůr ich mit mir;
    ,5   5   mines herren ere ist gewegen.
                                ir sůlt sin mit vlize pflegen,
                                daz iv der degen iht enge:
                                ez tæte minem hertzen we.
                                vnd wůrde der Markis verlorn,
   ,10   10   daz wær mines lebens dorn
                                vnd aller miner vræuden val.
                                ich wỏlt e senken mich zu tal
   ,13   vor all den heiden in den se.

                                sin verlust tæt minem hertzen we,
                     15   sit er mir so hohe bevolhen ist'.
                                wol dir sůzer vater, wol dir Krist,
                                wol dir in diner gotheit!
                                lob vnd ere si dir geseit,
                                dir vnd diner sůzen trinitat,
                     20   div ein ist vnd drie namen hat
                                doch in gỏtlicher krefte.
                                wol der geselleschefte,
                                div die drie zu vns bindet,
                                vnd man doch mit warheit vindet
                     25   in eim drie vnd drie mit eim!   *f. 11ᵛᶜ*
                                wol vns der kristenlichen gemein!
                                wol vns des vater, wol vns des svns,
                                vil wol dem heiligen geist, der vns
                                gein den zwein kan wisheit lern!
   ,30   er ist der dritte den man sol ern.
                                sich kristen, da von solt du nit kern!

135, 1 mer rede vil *B*, vil mer rede *Γ*.   al hie *WoE*.   3 wol hůte *B*.   4 hin mit *HnW*.   6 so mit *VHnΓ*.   9–14 om. *W*.   15 enpholchen *VWoE*.   24 in *Γ*.   25 in *KaΓ*.   26 des christenleichen mainen *VKaHnΓ*.   31 du dich *B*.

*R 136,1   Von got ich des bewiset bin,
           vnd mit gelauben hat min sin,
           daz ich sin einen vnd sin drien
           in kristenlichem vrien
       5   mensch vnd got gelauben sol.
           tůt daz nit minem herzen wol,
           do er bi vns was, daz er des iach,
           daz er wær miner svͤnden dach,
           ob in min hertze mit triwen meinet?
      10   daz ich nach tode wůrde gereinet
           lůter danne div svnne si
           sibenstunt, ist mir gelaube bi
           vnd ob ich in von hertzen minne?
           sůzer sin ob allem sinne,
      15   vater geist vnd svn
           gerůche mir genædecliche tůn!
           vater sůze, nach minem gelauben
           hilf, daz mich die geist iht rauben
           der straze, die ich gein dir wil!
      20   gůnne mir bůze vnd bůzens zil,
           gib mir sin, gib mir wise,
           sit ich dich ein in drien prise!
           min gelaube dar an zwiuelt niht:
           du bist vil alt, als man giht,
      25   du bist ivnc, als man wol weiz,
           swen din ivgent machet heiz
           mit rehtes gelauben viure inne.
           ich mane dich herre der sůzen minne,
           div die reine meit enzunt,
      ,30 der du durch vns dich tæte kunt,
           daz dich ir magtům enphie,
           daz si din zůkunft beangste nie.
           sage an, kristen, wie gelaubest du hie?

136, 2 Vnd meinn *WoE.* hat] stat *Si.* 10 wird *WWo.* 11 Luterre *KaW.* 16 genådichleichē *WoE.* ze tůn *HVHnW.* 18 Hilf mir *Γ.* 20 puezzes *VKaHnΓ.* 27 rehte geloubens *HKaHn.* viures *BVW.* minne *W.* 29 reinen *BWoE.* 32 chunft *VKaΓ,* kvnst *Hn.*

*R 137,1   Habe den einen got in drin,
           die dri in eim, so ist din sin
           vil kristenlich gerichet.
           sage, was sich dem troste gelichet,
     5   do div vil sælige dich enpfie,
           d*iv* dich so cleidet, daz ich nie
           hôher cleider namen bevant?
           ir magtům din sich vnderwant
           vnd gap dir ir libes cleit.
     10   daz sit wart allen tivueln leit,
           daz du lôsens vns gedæhte
           vnd ez an daz crůtze bræhte.
           do wær du herre beslozzen ir,
           als si was beslozzen dir,
     15   do si dich maget wesen*t* enpfie;
           vnd maget wesen*de* von ir lie;
           vnd maget wesen*de* bi ir zoch;
           vnd maget wesen*de* dich vil hoch
           durch vns an dem crůze vant,
     20   *da* vns Euen schulde bant;
           maget wesen*de* den růf auch horte,
           des *schal* die helle gar zerstorte,
           des dich durch vnsern willen zam;
           maget wesen*de* von dem chrůze nam;
     25   maget wesen*de* dich zv̊ der erde trůc.
           vil sůzer got, sin wær genůc,   *f. 12*ra
           des ich genade dir solte sagen.
           daz du hie gerůhtes tragen
           den sak vnserr menscheit,
     30   da von han ich vor geseit,
           daz din kůsche besloz div reine meit.

*R 138,1   Avch wær du ir beslozzen, herre,
           durch vnsern willen also verre,
           do du ir menscheit næme.

137, 1–31 *om. VKaHnΓ*.   4 Sag an *Si*.   6 Die *BH*.   9 ie liebez *H*.   10 tivuell *B*.   11 vmbe vns *H*.   14 umbeslozzen *Si*.   15 wesen *B* (*immer*).   20 Do *BH*.   22 hall *B*.   30 ich han *Si*.   31 die reinen *H*.

ich spriche daz si dir wol zæme,
5 sit si von dir wart geheilet,
di Euen val het vor gemeilet,
vnd erwaschen von den sv̊nden wart.
wol vns der vil reinen vart,
der du, herre, vf erde durch vns tæte.
10 div gab vns vrides stæte,
daz du bist vnser vnd wir din.
dines sv̊zen antlv̊tzes schin
hast du vns wol mit geteilet,
des sv̊ze den Margraven heilet
15 an der kv̊niginne hie,
div nach im zv̊ dem schiffe gie,
der schôn im lip vnd sele pfant.
wol der vil gôtlichen hant,
div wibes lip so schone bildet,
20 daz mannes hertze durch vræude wildet!
die vræude vns ir schône git.
ir gelæze, ir kv̊sche git wider strit,
ir schin durch mannes augen vert,
ir minne valsch vnd wandel wert
25 an mannes tugende, an mannes libe.
wol vns von so sv̊zem wibe!
wol vns ir schône, wol vns ir gv̊te!
ir sælde min vor truren hv̊te,
ir sv̊ze min vor sorgen walte!
30 ir minne sv̊ze vert mit gewalte,
wer sich an ir sv̊ze liebe halte.

138, 5 wart von dir *WoE.*   6 vor het *W,Si.*   7 er gewaschen *BH.*   8 der suezzen nider vart *VKaHnΓ.* nidervart *Si.*   9 Die *VKaHnΓ, Si.* dv in erde *H,* du her nider *KaHn,* du herr *VΓ.* in *Si.*   10 Dv gib *VΓ,* Du geb *Ka,* Dv gebes *Hn.*   14–16 Die suezz leib vnd sel hailet / Als (*om. Si.*) an der chuniginn hie / Di mit dem markeis nu (*om. WoE*) ze schiff gie *VKaHnΓ, Si.*   18 vil *om. WoE.*   19 suezz *VKaHnΓ.*   20 dorch ir *KaHn.*   22 kuss *KaHn.*   23 schón *VWoE.*   25 tugent *HVKaHnΓ.*   26 Wol einem so (*om. W*) *VKaHnΓ.*   28 sorgen *Si.*   29 minn *WoE.*   30 *nach* 31 *VKaΓ.* gepot *VKaHnΓ, Si.* vert] vnd *WoE.*   31 an sv̊ze ir liebe [be- *HnWE*] halte *HHnWE,* an suezz ir leib behalt *VKaWo.*

*R 139,1   Wibes liebe hat tugende vil,
           wibes liebe *stozet* tugende zil,
           wibes liebe hat tugende wert;
           wibes liebe nit miete gert;
        5 wibes liebe machet hertze vro;
           wibes liebe senftet alle dro;
           wibes liebe vil wise machet.
           swa wibes liebe gein manne wachet,
           wibes liebe da truren fliuhet.
       10 wibes liebe an manne ziuhet
           tugent, der sin lip nit was gewon.
           minne liebe ist ein ron:
           swa d*iv* durch liebe sich entzůndet,
           dem man wirt lieb von liebe gekůndet.
       ,15 sus wibes liebe sich lieben kan.
           ez sůln zůrnen nit die man:
           wir sin den vrawen vngelich.
           dem niget erde vnd hymelrich,
           wolt kůscheliche liebe han
       20 von der meide, *der kůsche* vns in gewan.
           in dem paradys er d*iv* reinen wip
           geschůf, dar vmme daz mannes lip
           durch sůze die vrawen eren
           vnd al ir dinc zu gůte keren.
       25 swer des nit tůt, der ist nit ein man.
           den tůn ich hiute in den ban.
           reiner wibe helf ich da zů han.

139, 1 lip *Hn* (*bis* 10 *immer*).   2 hat *B,* stet ze *H.*   3 nach 4 *VΓ.*   8 lachet *Si.*   11 waz vngewon *WoE.*   12 Min *B,* Wibes *Si.* kron *H.*   13 die sich *V,* sich die *Hn,* die *BH.* sich *om. Γ.*   14 von liebe *om. VΓ.* kvndit *HKaHn.*   15 lip *HnW.*   18 Den *HVHnWo.*   19 Der wolt *Γ.*   20 Der meyde kusche vns in gewan *Ka,* Vnd der meide keusche vns [in E] gewan *Γ.* div kůschlich *B.*   21 die *BH.*   23 solt eren *KaHnΓ.*   25 ein *om. VKaHnΓ, Si.*

*R 140,1 Disiv rede daz vorder mær nit krenket,
ob ir nu rehte gedenket. *f. 12ʳᵇ*
wa ich die *av*entůre han
gelazen, da grif ich wider an:
5 von dem Markis vnd der kůngin,
der vil wiplicher sin
daz gesinde trost vnd gieng im vor,
bis hin an des meres tor.
do si an den kiel nu gienc,
10 ir rede si wislich ane vienc;
si bot sich im mit willen gar.
,got pflege iwer, sit ich von iv var,
heizt burg vnd stat bewachen wol!
er ist kranc. da bi man doch sol
15 mit vlize pflegen des gevangen.

*A 135,16 vnd lat ivch nit belangen,
kom min herre, daz tůt mir kunt'.
die marner zugen vf ze stunt;
die winde si *triben* von dem stade.
,20 20 nu ist erlœset von dem rade
der Markis vnd vert da hin:
nu ist vil vro div kůngin.
die winde sere nah in triben:
hie ist nu vil vnbeliben.
,25 25 der tac sich vz den wolken bot,
auch schein nu schier der morgen rot,
den div sunne sante durch vræude fůr,
daz er vræude riche kůr
vogeln vnd blůmen bræhte.
,30 30 der kiel nv sere gahte,
die winde im giengen vaste zů.
ouch waz ez an dem tage frů:
,33 33 div svnne begvnde sich zeigen nu.

140, 1 daz *om. Ka.* vorder *om. V.* 3 ebentůre *BKa.* 4 ichs *WWo.* 7 in *VKaHnΓ, Si.* 8 vntz an *Γ.* 9 Da *BH.* si *om. WoE.* 10 wislichen *BE.* 11 in *V, om. Ka.* in dem willen *Γ.* 12 von ich *HΓ.* 17 Komt *KaΓ.* důt *B.* 19 trůgen *BH.* 26 lieht *Γ.* 28 freudenreiche *VKaHnΓ.* 29 Vogele *HVKaHnWoE.*

Es handelt sich um ein Gebet des Redaktors, damit hat SINGER (Einleitung S. LXXXI) gegen SUCHIER (S. 8) recht, der es Arabel in den Mund gelegt hatte. Aber der Irrtum ist begreiflich, denn es schließt unvermittelt an ihre doppelsinnige (weil eine riskante Entblößung ihres Herzens enthaltende) Anweisung des Kerkermeisters Willehalms an, als sie an Bord des Fluchtschiffes geht, auf dem der Gefangene versteckt ist: Langalas möge gut auf ihn achthaben, ‚vnd würde der Markis verlorn, / daz wer minez lebens dorn / vnd aller miner fröden val: / ich wolt e senken mich ze tal / vor iv allen in den se‘ (*A 135,9–13). *R hat *vor iv allen* durch *vor all den heiden* ersetzt, womit sich obendrein die heimliche Christin verrät, und er fügt unter Wiederaufnahme von *A = *R 135,8 ‚wan das tæt minem herzen we‘ hinzu: ‚sin verlust tæt minem hertzen we‘ (*R 135,14). Die Größe der Gefahr, in welcher die Fliehenden schwebten, wäre Grund genug gewesen, die Hilfe des wahren Gottes zu erflehen. Der Redaktor tut es an Arabels Statt.

Daß Gottes Sohn Mensch geworden, auf Erden gewandelt ist, die sündige Menschheit am Kreuz mit dem Vater versöhnt hat, *gab vns vrides stæte, / daz du bist vnser vnd wir din* (*R 138,10f.). Seines *süzen antlützes schin* (*R 138,12) *den Margraven heilet / an der küniginne hie* (*R 138,14f.), *der schön im lip vnd sele pfant* (*R 138,17). Auch sie ist von Gott geschaffen, *daz mannes hertze durch vræude wildet* (*R 138,20). Das ist der Aufhänger zu hymnischer Rühmung von *wibes liebe,* die hoch rhetorisch in den ersten zehn Zeilen der 139. *R-Laisse als Anapher fungiert, und deren Würde von der jungfräulichen Gottesmutter herrührt, *der küsche vns in gewan* (*R 139,20). Wer die Frauen nicht ehrt – damit kommt der Redaktor zum Schluß seines eigenen poetischen Aufschwungs –, *der ist nit ein man. / den tůn ich hiute in den ban* (*R 139,25f.).

Dann entschuldigt und rechtfertigt er sich für die umfangreiche digressio: *Disiv rede daz vorder mær nit krenket* (*R 140,1). Die Erzählung von Arabels Liebe zu und Flucht mit dem gefangenen Markgrafen wird an der Stelle wieder aufgenommen, *wa ich die aventüre han / gelazen* (*R 140,3f.), bei Arabels Abschied von Land und Leuten ihrer Heimat, vertreten durch das Hofgesinde und den *emeral Langalas, / der dez gevangen meister was* (*A = *R 134,27f.) und es noch immer zu sein glaubt. An ihn (*im* *R 140,11) richtet sich ihre *wisliche rede* (*R 140,10). Ab Vers *R 140,16 = *A 135,16 laufen die beiden Versionen wieder parallel, nur daß die Bearbeitung jetzt fünf Laissen mehr hat.

„Das Ganze ist recht schwungvoll", urteilte SINGER über die Interpolation, „und den besten Partien des Ulrich'schen Gedichtes wenigstens ebenbürtig" (Einleitung S. LXXXI). Sie berechtigt uns, dem Redaktor kaum geringeres poetisches Talent zuzubilligen, als der Autor selbst besaß. Und die Möglichkeit, auf Wolfram zurückzugreifen, stand ihm wie jenem offen. Es wird dann schwierig, angesichts eines im ganzen wenig individuell geprägten, leicht nachahmbaren Stils, diesem solche Zusätze bald zu-, bald abzusprechen, wie SINGER getan hat.

Der Vergleich der ersten siebzehn Laissen der Versionen *A und *R zeugt in allen erörterten Punkten für die Priorität von *A. Nichts spricht dafür, daß in *R der Zustand einer älteren Fassung festgehalten ist, die erst nachträglich vom Autor selbst auf 31er-Maß gebracht worden wäre. Im Gegenteil: die völlig regelmäßigen Laissen in *A müssen am Anfang gestanden haben, denn sie waren des Wolfram-Nachahmers eigenes Form-Programm. Erst im Zuge der Bearbeitung sind sie aus unterschiedlichen Gründen zum Teil verlängert oder verkürzt worden.

Nicht der einzige, aber ein Hauptanlaß scheint die als nötig erachtete inhaltliche Korrektur gewesen zu sein. Sie hatte zur Folge, daß die Verszählung in *A und *R zwischen der 9. und 17. Laisse differiert. In den *R-Laissen 1, 3 und 5 waren Zusätze die Ursache, die als solche deutlich erkennbar sind. Weder die Gebetserweiterung *R 1,7–10, noch die Umgestaltung des Schlusses von *A 3 und des Anfangs von *A 4, noch die eingeflickte ‚Willehalm'-Reminiszenz in *R 5 sind ursprünglich.

Die letztgenannte hat auch SINGER (Einleitung S. LXXVI) seinem zweiten Bearbeiter zugeschrieben, die beiden anderen sollen der ‚ältesten Fassung' angehören, weil sie so ähnlich auch in der späten Kölner Handschrift C stehen. Dazu s. u.

Die Verlängerung von *R 3 ist offensichtlich aus dem Material des Anfangs von *A 4 gebastelt, und weil *A 4,1–4 dafür bereits verbraucht waren, mußte trotz gleichem Laissen-Beginn dieser nach der ersten Halbzeile umgearbeitet werden. Eine Umkehrung der Änderungsrichtung erscheint ausgeschlossen.

Das gilt vice versa für die meisten übrigen Abweichungen. Die Verse 7,30f. lauteten in *A: *Ich wen, vnd wer er den frowen bi / Heinlich, er würde des zwivels fri.* In *R ist der Hauptsatz durch die Flickformel *als dicke geschiht* ersetzt, so daß der Konditionalsatz in der Luft hängt und nur mühsam an dem nachfolgenden Gefüge Halt gewinnt. Dies bildete in *A den Anfang der achten Laisse, von der in *R nur acht Verse beibehalten und mit der siebenten Laisse verschmolzen sind, weil der Redaktor für den Widmungsteil des Akrostichons, das die Laissen 7 und 8 schmückt, keine Verwendung hatte. Da die in ihnen enthaltene Verfasserangabe nicht ebenfalls preisgegeben werden sollte, war eine überlange Laisse von 39 Versen das Ergebnis.

SINGER hat dieses Unicum ebenfalls für ursprünglich gehalten. Es wird zu zeigen sein, daß es das nicht war.

IV
Das lange und das kurze Akrostichon

Das Akrostichon in den *A-Laissen 7 und 8 ist SINGERs Entdeckung[15]. Es lautet in *A:

MEISTER VLRICH VON DEM TVRLIN HAT MIH
GEMACHET DEM EDELN CVNICH VON BEHEIM

In *R reicht es bloß bis *GEMACHET*. Die ersten acht Verse von Laisse *A 8 sind *R 7 zugeschlagen, die demzufolge 39 Verse zählt und wie die übrigen mit Dreireim endet.

Der Vereinigung des Anfangs von *A 8 mit *A 7 zu *R 7 standen vor allem das überflüssig gewordene ursprüngliche Triplet in *A 7 und das benötigte neue am Schluß von *R 7 im Wege. Die Änderungsmöglichkeiten waren begrenzt, weil das Akrostichon intakt bleiben mußte. Der Redaktor hat seine neuen Verse zum allergrößten Teil aus dem Material der alten gefertigt.

Der obsolete Dreireimklang in *A 7,31 (*fri*) ist durch ein aus *A 8,2 geholtes neues Reimwort (*geschiht*) beseitigt. Es ergab nichtssagendes *als dicke geschiht* (*R 7,31) an Stelle des bisherigen Hauptsatzes des Konditionalgefüges, das nun behelfsmäßig mit dem folgenden verbunden werden mußte. Es war jetzt zwar möglich, *A 8,1 an *R 7,31 anzuschließen, jedoch um den Preis, daß *A 8,2 keinen Reimpartner mehr hatte. Der Bearbeiter half sich mit Vorgriff auf *A 8,4 und ersetzte *von wibe geschiht* durch *an vrawen lit* (*R 7,33). Der Flickvers *A 8,4 wäre zu verschmerzen gewesen: *A 8,5f. schlossen trefflich an den beibehaltenen Vers *A 8,3 = *R 7,34 an. Auf das Akrostichon-*A* in *A 8,4 konnte aber nicht verzichtet werden. Deswegen mußte der Vergleich der von *frowen* geschenkten *fröden* mit *Chranz oder tanz* (*A 8,5) banalem *An deheim dinge* (*R 7,35) weichen. Als Folge davon fehlte dem nächsten Verse (*R 7,36) das Akrostichon-*C*, und außerdem war für *R 7,37 noch ein Dreireimklang auf *-iget* zu beschaffen. Die doppelte Schwierigkeit hat zu den dürftigen Ersatzversen:

---

[15] Zum Willehalm Ulrichs von dem Türlin, in: (Pfeiffers) Germania 31 (1886) S. 343–345.

*R 7,36 *Chu̇rtzlich geseit, man liez entwichen*
Heimliche sorge, der man vil pfliget
geführt, deren Flickschusterei unter dem Niveau des Redaktors – und erst recht des Dichters – ist[16]. Einfacher war es, das Abbrechen des Verses *A 8,8 mitten im Satz aufzufangen: er ist nun als *R 7,39 mit *R 7,38 verbunden. Die Einbuße an Sinn ist gleichwohl spürbar.

Ist es vorstellbar und glaubhaft, daß die beschriebene Umformung der erörterten Verspartie auch in umgekehrter Richtung erfolgt sein könnte: nicht – wie vorgeführt – von *A nach *R, sondern von *R nach *A? Singer hat das behauptet. Seine hypothetische ‚Arabel'-Entstehung hängt an dem Axiom, daß die Ausstattung des Romans mit dem kurzen Akrostichon der mit dem langen voraufging und in beiden Fällen vom Dichter selbst herrührt.

Weil nur er die Widmung an den Böhmenkönig vornehmen konnte, muß er seinen Roman selbst noch einmal bearbeitet haben. Weil das (vermeintlich) ursprüngliche Akrostichon sich nur auf 39 Verse erstreckte (und bei durchgehender Laissenform eine 39versige forderte), muß die konsequente 31er-Gliederung erst im Zuge der ‚Bearbeitung' vorgenommen worden sein. Weil die einzige Handschrift (A), in welcher diese ‚Bearbeitung' vollständig abgeschrieben vorliegt, außerdem in nahtlosem Übergang eine ‚Fortsetzung' enthält, die den *R-Handschriften fehlt, muß auch diese so wie hier vom Dichter stammen und dem Widmungsexemplar angehört haben, obwohl die 31er-Laisse bestenfalls durch frei gelassene Zeilen projektiert ist. Ulrich habe „offenbar unter dem Zwang, den ihm der Dreireim zum Schlusse jeder Strophe auferlegte, fast erliegend, dieses mechanische Auskunftsmittel der Freilassung von Zeilen gewählt" (Einleitung S. LXII)! Das wäre selbst dann unglaubhaft, wenn „diese Recension des Gedichtes, deren alleiniger vollständiger Repräsentant die Hs. A ist, direct oder indirect auf das Brouillon des Dichters zurückgeht" (ebda.). Ein unfertiges Werk, und nun gar im Zustand der Kladde, hätte schlecht zur Dedikation an einen königlichen Mäzen getaugt.

Die Theorie stimmt hinten und vorne nicht, obwohl sie allgemein anerkannt zu sein scheint. Zweifel äußerte, soviel ich sehe, nur Joachim Bumke: „Die Textgeschichte von Türlins ‚Willehalm' muß noch einmal gründlich untersucht werden. Ich halte es nicht für ausgeschlossen, daß man dabei zu ganz anderen Resultaten kommt"[17].

Was in den Literaturgeschichten über Ulrich von dem Türlin zu lesen ist, beruht größtenteils auf Singer. Der sich selbst bearbeitende Dichter wurde um

---

[16] Zum Überfluß wird *Chu̇rtzlich* in allen *R-Handschriften, außer V, mit *K* geschrieben, so daß sich *gemakhet* statt *gemachet* ergibt.
[17] Mäzene im Mittelalter, München 1979, S. 297.

so bereitwilliger akzeptiert, als er im Mittelalter selten nachzuweisen ist. Wenn man neuesten Ausgaben mittelhochdeutscher Lyrik Glauben schenken wollte, hätten die Liederdichter überhaupt nur wenig Fertiges, Gültiges hinterlassen und zumeist mehrere Fassungen zur Auswahl gestellt. Da würde sich SINGERS Ulrich von dem Türlin gut einfügen, wenn seine Schaffensweise so war, wie sein Herausgeber bewiesen zu haben meinte.

Die Möglichkeit eines Beweises hängt auch an seiner Vita, von der man – wie meist bei mittelalterlichen deutschen Autoren – wenig Sicheres weiß. Das wichtigste Zeugnis ist die rühmende Erwähnung Ulrichs im Alexanderroman Ulrichs von Etzenbach[18]: *meister Uolrich vom Türlin, / daz iuwer kunst nu wære min* (v. 16225 f.). Der Laudator stammt aus Nordböhmen und hat zum Prager Hof Ottokars II. († 1278) und Wenzels II. († 1305) in engen Beziehungen gestanden, wahrscheinlich sogar als Hofdichter dort gewirkt. Die Abfassung des ‚Alexander' hat sich – HANS-FRIEDRICH ROSENFELD zufolge – „über die Zeit von 1271 bis etwa 1286 erstreckt"[19]. Die Erwähnung Ulrichs von dem Türlin steht am Ende des VI. Buches, das wohl erst nach Ottokars II. Tod entstanden ist, und sie klingt so, als gölte sie einem Verstorbenen.

ROSENFELD hat erwogen, daß der Etzenbacher von dem Türliner „vielleicht am böhmischen Königshof unmittelbar in die Dichtung eingeführt war" (l. c. Sp. 573f.). Das bleibt Vermutung. Aber daß auch Ulrich von dem Türlin sich der Gönnerschaft Ottokars II. erfreut haben muß, folgt aus dem langen Akrostichon und dem zugehörigen Text der Widmungsverse *A 8,16–31. Wenn die ‚Arabel' „zwischen 1261 und 1269"[20] richtig datiert ist, hat der Dichter im siebten Jahrzehnt des 13. Jahrhunderts in Böhmen am Prager Königshof oder in seinem Umkreis gelebt und gewirkt. Dem als *künig in vier landen* apostrophierten *Otakker* (*A 8,23f.) gilt sein Dank: *Min dienst iv niget mit disem bowen* (*A 8,31), nicht ohne Hoffnung auf weitere Förderung: *nv lat tvgende schowen!* (*A 8,30). Daß diese ihm nicht bereits während der Arbeit an der ‚Arabel' zuteil geworden war, wird mit keiner Silbe angedeutet und erscheint unwahrscheinlich.

Die auf SINGERS Entstehungstheorie gestützte hypothetische Vita der älteren Forschung läßt Ulrich von dem Türlin schon einen fertigen Roman (SINGERS verlorene ‚älteste Fassung') aus Kärnten nach Böhmen mitbringen und dort zum Zwecke der Dedikation neu bearbeiten. Gedichtet sein soll die ‚Arabel' am Hofe des letzten Sponheimer Herzogs Ulrich III. (1256–1269) in St. Veit an

---

[18] Alexander von Ulrich von Eschenbach, hrsg. von WENDELIN TOISCHER (BLV 183), Tübingen 1888.
[19] In: Verfasserlexikon ¹IV, Sp. 576.
[20] H.-F. ROSENFELD, Verfasserlexikon ¹IV, Sp. 611; – SINGER, Einleitung S. XIII.

der Glan. Erst als nach dem Aussterben der Sponheimer auch Kärnten an Ottokar II. fiel, sei der Dichter dem neuen Herrn und König nunmehr in fünf Ländern an den Prager Hof gefolgt.

Die communis opinio, daß Ulrich von dem Türlin ein gebürtiger Kärntner sei und zunächst dort gelebt und gearbeitet habe, hängt einzig und allein an der postulierten Verwandtschaft mit seinem älteren Namensvetter Heinrich von dem Türlin, dem Verfasser der ‚Crone'. Für die gibt es weder urkundliche noch andere Anhaltspunkte. Daß im 13. Jahrhundert eine Familie *von dem Türlin* in St. Veit bezeugt ist, beweist noch nicht, daß Ulrich ihr angehört haben muß. Es gibt eine Familie gleichen Namens zur gleichen Zeit auch in Regensburg, und unter ihren Angehörigen ist zwischen 1338 und 1362 sogar ein „Ulrich vom Türlein (*ad portulam*)" bezeugt und in einer Urkunde von 1240 ein *Heinricus aput portulam*[21].

Wie BERND KRATZ[22] gezeigt hat, ist die Herkunft des Dichters der ‚Crone' aus St. Veit in Kärnten ebenfalls ganz ungesichert. Kein einziges der dafür geltend gemachten Argumente hat seiner Nachprüfung standgehalten. „Wir wissen also nicht, wo Heinrich lebte und dichtete" (S. 167). Die Untersuchung seiner Sprache durch GEORG GRABER[23] hat keinen zuverlässigen Beweis für Kärnten als Heimat Heinrichs zu liefern vermocht, und dasselbe gilt für EMIL POPPS Untersuchung der Sprache Ulrichs[24] an Hand der Reime. Die Ergebnisse sind mehr oder weniger vage: „Der Grundcharakter seiner Sprache ist durchaus kärntnerisch"; „Er reimt eine für kärntnerische Ohren bestimmte literarische Sprache" (S. 73). Ihr bairisch-österreichischer Charakter zwingt jedenfalls nicht zur Lokalisierung des Dichters in Kärnten. SINGER hatte gerade „aus Reimen und Wortschatz, die mitteldeutschen Einfluss zeigen" (Einleitung S. XIII), schließen wollen, daß wahrscheinlich schon die ‚älteste Fassung' der ‚Arabel' in Böhmen entstanden sei. Sein Aufenthalt dort ist der einzig sichere Punkt seiner Biographie.

So wenig wie KRATZ für Heinrich von dem Türlin kann und will ich für Ulrich von dem Türlin ausschließen, daß er von Hause aus ein Kärntner gewesen sein kann. Nur taugt diese bloße Möglichkeit nicht als Stütze für Entstehungshypothesen, für welche der Text- und Überlieferungsbefund die alleinige tragfähige Grundlage darstellt.

---

[21] ALBERT SCHREIBER, Ueber Wirnt von Graefenberg und den Wigalois, in: ZfdPh 58 (1933) S. 209–231; hier S. 211².
[22] Zur Biographie Heinrichs von dem Türlin, in: Amsterdamer Beitr. z. Älteren Germanistik 11 (1976) S. 123–167.
[23] Heinrich von dem Türlin und die Sprachform seiner Krone, in: ZfdPh 42 (1910) S. 154–188.
[24] Die Sprache Ulrichs von dem Türlin, Forsch. zur Sudetendeutschen Heimatkunde, Heft 7, Reichenberg-Leipzig 1937.

Daß und wie die 39er-Laisse *R 7 mit dem kurzen Akrostichon aus den *A-Laissen 7 und 8 mit dem langen hervorgegangen sein muß, wurde oben zu zeigen versucht. Das Flickwerk, das der doppelte Zwang, das Akrostichon zu bewahren und den Dreireim zu verlagern, gezeitigt und mit welchem sich der Redaktor beholfen hat, ist dem Dichter selbst in seinen Anfängen nicht zuzutrauen. Sein Akrostichon war von vornherein auf zwei vollständige und reguläre 31er-Laissen angelegt. Die durch Streichung des Widmungsteils entstandene 39er-Laisse ist eine Notlösung des Bearbeiters, die sogar aus seinem lockerer gehandhabten Rahmen fiel.

Die Gliederung des Romans in 31er-Abschnitte stellt eine Weiterbildung von Wolframs Dreißiger-Einteilung in ‚Parzival' und ‚Willehalm' dar. Indem er die ursprünglich nur als Zähleinheit gedachten Dreißiger mit einem Zusatzvers versah und durch einen Dreireim abschloß, hat Ulrich ihren Formcharakter unterstrichen. Das war sein Einfall, seine formale Neuerung, gegen die er selbst nur im Notfall verstoßen hat: unter 311 Laissen der ursprünglichen *A-Version haben ganze sechs (*A 135. 160. 211. 215. 239. 252) 33 Verse, alle übrigen 31. Der Dichter hat sich streng an sein eigenes Formprinzip gehalten, hat vermutlich seinen Stolz darein gesetzt, ihm – wenn irgend möglich – voll zu genügen.

SINGERs Annahme, er habe in einer ersten Fassung mit der Form experimentiert, Abschnitte ganz unterschiedlichen Umfangs zwischen 5 und 39 Zeilen abgeteilt, erniedrigt ihn zum Stümper. Die Regelmäßigkeit war bei Wolfram vorgegeben. Aus welchem Grunde sollte Ulrich sie preisgegeben haben, wenn er durch Betonung des Schlusses mit dreifachem Reim eine Strophe daraus bauen wollte? Auch der Redaktor ist um Bewahrung der Laissenform bemüht gewesen. Die von SINGER seiner ‚ältesten Fassung' zugeschriebenen Abschnitte wechselnder Verszahl haben so nie existiert, sind eine petitio principii seiner falschen Theorie.

Das Akrostichon ist nicht nachträglich verlängert, das lange ist ursprünglich. Als der Redaktor es durch Streichung der Widmung verkürzte, waren die von Laisse *A 8 übrig bleibenden acht Verse zu wenig für eine Strophe: so entstand die hybride 39er-Laisse.

Ursprünglich war das auch SINGERs Ansicht gewesen[25], als er noch nicht auf seine Entstehungshypothese fixiert war und „aus der Mühe, die darauf verwendet wird, den dreifachen Reim von VII. 29–31 nach VIII. 6–8 zu verlegen", auf absichtliche Unterdrückung erkannte: „wahrscheinlich irgend welchen politischen Beweggründen folgend" (S. 344).

---

[25] Wie Anm. 15.

Sie müssen nicht beim Redaktor gesucht werden, können auch bei seinem Auftraggeber gelegen haben. In der alemannischen Bearbeitung der *A-Version (Λ) fehlen die Widmungsverse ebenfalls. Das mag auch mit der radikalen Kürzung von Ulrichs Roman zusammenhängen; jedoch was ihm wichtig erschien, hat der Bearbeiter nicht eliminiert. Jedenfalls waren Widmungen für Schreiber und Bearbeiter keineswegs tabu und für die Besteller und Käufer erst recht nicht.

V
Der ursprüngliche Schluß

Der den beiden ‚Arabel'-Versionen gemeinsame Text reicht nur bis *A 312,10 = *R 317,10 (die differierende Laissen-Zahl rührt, nachdem frühere Differenzen durch Plus- und Minus-Strophen in *R sich wieder ausgeglichen hatten, zuletzt von der Gotteslob- und Frauenpreis-Interpolation in *R her). In allen *R-Handschriften bricht er hier ab. Der Sachverhalt ist unverhüllt bewahrt in H 6. Ka Hn, während in V W Wo E die Laisse durch einen Zusatz von 21 Versen notdürftig aufgefüllt ist. Dagegen geht in *A der letzte gemeinsame Vers nahtlos in eine ‚Fortsetzung' von weiteren 930 Versen über.

Ich stelle zunächst die Laissen *A 312 und *R 317 bis zur Bruchstelle gegenüber. Dem *R-Text ist wegen des vorzeitigen Ausfalls von B die Heidelberger Handschrift H zugrunde gelegt.

*A 312,1 ‚Vwer milte an vns ist worden schin
  vnd miner fröwen der keiserin,
  der trůwe wol an vns ist betaget.
  ob si wol sippe gein vns iaget,
5 die hat ir tvgent so erzeiget,
  daz ez gein ir min trůwe neiget,
  ob ůwer wirde gerv̊chet der'.
  nv gie dv kvneginne her
  mit ir fröwen, alse ez zam,
10 do der Markys verlŏp nv nam,

  al lachent gein dem keiser hie,
  der si ŏch lachent enphie.

*R 317,1 ‚Ůwer tugent ist an vns worden schin
vnd miner vrowen der keiserin,
der trůwe an vns ist wol betaget.
ob si wol sippe gein vns iaget,
5   die hat ir tugent so erzeiget,
daz es gein ir min trůwe neiget,
ob ůwer wirde gerůchet der'.
nv gieng *div* kvneginne her
mit der burgrevin, als es zam,
10   *do* der Markis vrloub nam

---

1 ist worden an vns *H6.V.*   2 keserin *H.*   6 es *om. VT.*   min trůwe gein ir *H6.* sich naigt *VT.*   8 die *omn.*   9 gezam *VT.*   10 Da *H6.V.*

Die Überlieferung von *R zeigt die Gewaltsamkeit des Abbruchs. Der in Vers 8 begonnene Satz ist unvollständig, er fordert eine Ergänzung. Der handschriftliche Befund beweist, daß es sie in *R niemals gab und schon in ihrer Vorlage nicht gegeben hatte.

Die Handschrift B gibt für unsere Zwecke nichts her. Sie endet bereits mit *R 312,15 = *A 307,15 am Fuße der mittleren Spalte f. 25vb. Auf f. 25^{vc} oben folgen vier Schreiberverse:

da mit pflege vnser daz hymlisch her,
da wir ewiclichen
wonen mit gote dem richen,
da vræude ist ane entwichen. amen

Der Vers *R 312,15 wird so zum Reimpaar ergänzt, und es folgt ein Triplet. Gleichwohl bleibt es ein abrupter Schluß. Die ganze Spalte f. 25^{vc} ist sonst leer. Mit f. 26ra beginnt Wolframs ‚Willehalm'.

Die Handschriften H 6. V Ka Hn W Wo E haben für *R 317,1–10 einen nahezu gleichlautenden Text, der sich nur unerheblich von dem entsprechenden in *A 312,1–10 unterscheidet: er muß der des Dichters sein.

H 6. Ka Hn brechen mit Vers *R 317,10 ganz unvermittelt ab. Die Vorlage reichte offenbar nicht weiter. Der Schreiber von Hn läßt auf das letzte Wort *nam* .... vier Punkte folgen! Der Rest der Spalte f. 65va ist leer, ebenso die ganze Spalte f. 65vb. Auf f. 66ra beginnt die zweite Hälfte des ‚Jüngeren Titurel' ab Strophe (WOLF) 3558.

In H sind die letzten beiden Verse (*R 317,9f.) unter den unteren Rand von Spalte f. 45rb gequetscht in kleinerer Schrift. Auf Spalte f. 45va fängt mit großer Initiale Wolframs ‚Willehalm' an.

In dem als Fragment Nr. 6 gezählten cod. Vindob. 3035 endet die ‚Arabel‘ mit Vers *R 317,10 am Spaltenende von f. 17va. f. 17vb ist leer: es wäre noch viel Platz gewesen. Auf f. 20ra setzt Wolframs ‚Willehalm‘ mit v. 230,8 ein.

In Ka füllt der ‚Arabel‘-Schluß bis *R 317,10 nur noch das obere Drittel von f. 68vb; auch f. 69 ist leer. Der ‚Willehalm‘ beginnt mit nicht ausgeführter Initiale auf f. 70ra.

V sowie WWoE = Γ haben den unvollständigen 31er-Abschnitt *R 317 mit einem eigenen Zusatz von 21 Versen auf Laissen-Maß gebracht (Text auf der Grundlage von V):

```
11   nv habt irz allez wol vernomen,
     wie dise red ist her chomen.
     di herren namen all vrlaub do
     mit grozzen zůchten vnd warn vro.
15   der pabst rait da er wold.
     den fuersten von gestain vnd von gold
     wart gegeben vnd reich gewant.
     ie der herr rait in sein lant
     vnd danchten dem Markis vnd Chyburch vil:
20   ‚wier dienenz gern, ob vns wil
     got lazzen mit gesunde leben.
     wir wellen daz willicleich geben
     vnd fuer euch in wag setzen,
     daz wir euch solher er ergetzen‘.
25   nv hat di vor red ein end.
     got sein genad vns allen send
     vnd geb vns sein heiligen gaist,
     daz er sei vnser vollaist,
     daz wir also hie gepowen,
30   daz wir di himelischen vrowen
     mit irem svn ewichleich beschowen.
     Amen Amen Amen Amen
```

---

12 ditz dink alles her ist Γ.   15 do Γ.   19 Markis om.V.   kiburgē Γ.
  20 om.E.   wellenz gern dienen V.   21 lazzen gesunden leben V.
  24 schullen er V.   25 ein om.V.   27 seinen Γ.   29 alhie also Γ.

Das Gedicht, *di vor red* (v. 25), endet nun, wie es sich gehört, mit *Amen*, in V sogar vierfach. Es folgt (wohl von anderer Hand): *hie hat daz erst puech ein end*. Das ist ein Hinweis auf den dreigliedrigen Zyklus aus ‚Arabel‘ + ‚Willehalm‘ + ‚Rennewart‘.

Der ‚Willehalm' schließt in V nicht direkt an. Zwei Drittel von f. 60vb sind leer. Auf f. 61ra–62rb folgen zwei Stricker-Mären. Erst f. 62va beginnt der ‚Willehalm' mit großer Schmuckinitiale.

W hat auf f. 66va das *Amen* ihres ‚Arabel'-Schlusses zu einem Reimpaar erweitert:

das er vns durch sin heilige drī namen
geruche helfen, nv sprechet amen

und dann – nach zwei Leerzeilen – Wolframs Werk eigens angekündigt: *Hie hebt sich an Marcgraf Wilhelmes buch das ander, das getichtet hat der von Eschenbach herr Wolfram der edle meister*, zweimal deutsch und einmal lateinisch! Auf Spalte f. 66vb beginnt mit reich verzierter Initiale der ‚Willehalm'.

In Wo endet die ‚Arabel' auf Spalte f. 74ra, danach bleiben etwa fünf Zeilen frei wie die ganze Spalte f. 74rb. Auf Spalte 74va folgt mit Schmuckinitiale und nebenstehender Miniatur der ‚Willehalm'.

E ist weniger aufwendig: ‚Arabel'-Schluß auf Spalte f. 62va, drei Leerzeilen; Beginn des ‚Willehalm' daneben f. 62vb mit ausgesparter Initiale.

In der Version *A, die für diese Laisse allein durch die Handschrift A vertreten ist, wird kein Einschnitt spürbar. Der syntaktische Anschluß ist einwandfrei, fast zu gekonnt für einen Fortsetzer, wenn er nicht der Dichter selbst war. SINGER hat das auch angenommen und durch die 31er-Abschnitte postulierenden Lücken in A bewiesen geglaubt. Die müßten dann auch von ihm herrühren, was wenig einleuchtend ist. Keine der projektierten Laissen hat von jetzt an noch das konstitutive 31er-Maß. Sie werden immer defizienter, und die erste defekte ist *A 312.

Das harte Abbrechen mitten im Satz in allen *R-Handschriften läßt erwarten, daß auch die Vorlage von *A so beschaffen war. Wenn das richtig ist, wird der Schluß unausweichlich, daß Ulrich von dem Türlin seinen Roman ebenso unvollendet hinterlassen hat wie Wolfram seinen ‚Willehalm'. Wegen der trümmerhaften ‚Fortsetzung' (die er wie SINGER dem Autor zuspricht) hat SEEMÜLLER dieselbe Konsequenz gezogen: „wenn wir den Zustand der Überlieferung in der ‚Fortsetzung' A in Betracht ziehen, so möchte man wohl vermuten, daß Ulrich sein Werk überhaupt unfertig zurückgelassen hat"[26].

Aber die Heidelberger Handschrift A muß nicht die letzte Phase von Ulrichs Arbeit an der ‚Arabel' widerspiegeln. Zu dieser Annahme hat SINGERS Ausgabe verführt. Der einhellig fragmentarische Zustand der ‚Arabel' in der *R-Version spricht dagegen. Und in dieser Fassung vornehmlich ist der

---

[26] Wie Anm. 10, S. 462.

Roman gelesen und verbreitet und in die Willehalm-Trilogie der großen Prachthandschriften des 14. Jahrhunderts aufgenommen worden. Der 1387 für Karls IV. Sohn Wenzel I. (als König von Böhmen Wenzel IV.) hergestellte kostbare Codex ÖNB ser. nova 2643 enthält die ‚Arabel' in dieser Gestalt. Am Ort der Entstehung und noch reichlich 100 Jahre danach muß sie als Ulrichs Werk gegolten haben, an welchem man nichts zu ergänzen fand. Wenn das Dedikationsexemplar für Ottokar II. die ‚Fortsetzung' enthalten hätte, könnte sie hier nicht gänzlich aus dem Gedächtnis geschwunden und abhanden gekommen sein.

Die ‚Arabel' so enden zu lassen, wie sie in der *R-Version endet, mitten im Aufbruch nach den Tauf- und Hochzeitsfeierlichkeiten in *Aveniun,* kann nicht die Absicht des Dichters gewesen sein. Die Heldin mußte noch ihren Einzug in Oransche halten und der Liebe des Paares in Willehalms eigenem Haus wenigstens vorübergehend Ruhe und Glück zuteil werden. Das wird der Autor nicht einer nachzuliefernden Fortsetzung vorbehalten haben, das muß zu seiner ursprünglichen Konzeption gehört haben, an deren Vollendung ihn – mutmaßlich – der Tod gehindert hat.

VI
Die ‚Fortsetzung'

Von der ‚Arabel-Fortsetzung', die in der Heidelberger Handschrift A auf den ursprünglichen Schluß *A 312,10 = *R 317,10 folgt, hat sich ein größeres Stück auch in den *A-Fragmenten Nr. 4 = Si. ζ (1 Blatt mit 258 Versen) und Nr. 2 = Si. ϱ (1 Blatt mit 166 Versen) erhalten. Der Text reicht in Nr. 4 von Si. 325,7 – 335,4 und in Nr. 2 von Si. 327,10 – 333,21. Für diese Partie verfügen wir so durch einen glücklichen Zufall über drei Textzeugen. Die nähere Verwandtschaft der beiden Fragmente ergibt sich schon daraus, daß beiden der Vers Si. 328,7 fehlt und beide nach Si. 328,30 und Si. 329,6 je einen Zusatzvers gegenüber A enthalten.

Zu Nr. 4 hat BECKERS Reste von drei weiteren Blättern gefunden, die Textstücke zwischen *A 101,13 und 174,11 liefern. Von Nr. 2 gibt es ein weiteres Blatt, das von *A 272,21 – 278,4 reicht. Von der Handschrift, aus welcher Nr. 2 stammt, besitzen wir auch die ‚Willehalm'-Fragmente Nr. 56. Zu Nr. 4 gehören die Manderscheidschen ‚Rennewart'-Bruchstücke (HÜBNERS A), und BECKERS hat errechnet, daß dieser Codex den ‚Willehalm' ebenfalls enthalten haben muß. Beide Codices discissi treten also zu den dreigliedrigen mit dem vollständigen deutschen Willehalm-Zyklus aus ‚Arabel' + ‚Willehalm' + ‚Rennewart' hinzu, in welche somit auch die ‚Arabel-Fortsetzung' Aufnahme gefunden hat. Die erhaltenen Codices dieses Typus, B H (6.) V Ka W Wo E, haben alle die *R-Version der ‚Arabel', es hat jedoch auch die Kombination mit der *A-Version samt ‚Fortsetzung' gegeben. Ob auch ohne diese, wissen wir nicht.

Der ‚Fortsetzungs'-Text in der Heidelberger Handschrift A unterscheidet sich rein optisch von dem vorhergehenden ‚Arabel'-Text durch Leerzeilen innerhalb, unterhalb und oberhalb der Schriftblöcke. Bis Si. 324 sind sie von einer Hand 16. Jh.s in Kurrentschrift ausgefüllt; SINGER hat den Text als α im Apparat seiner Ausgabe verzeichnet. Von da an bleiben die jetzt mehrzeiligen Lücken frei. Bis Si. 325 fehlt immer der letzte Vers und damit der Dreireim. Dieser Abschnitt ist auch der letzte, der mit Initiale beginnt. Danach ist die behauptete Laissenform nur noch zu ahnen, und es ist unsicher, ob und wie viele Verse vorn oder hinten fehlen. Vorher schon gibt es eine dreizeilige Lücke mitten im Text nach Si. 320,12, die der Herausgeber unbeachtet gelassen hat.

Wo Initialen fehlen und die Textstücke bloß durch Leerzeilen begrenzt sind, hat SINGER diese bald dem vorhergehenden, bald dem folgenden zugeteilt und daraus geplante 31er-Laissen geschneidert. Das Rechenkunststück ist in seiner Einleitung (S. LXI f.) nachzulesen. Mit ein bißchen Nachhilfe an wenigen Stellen geht es meistens auf. SINGER sah damit die Annahme SUCHIERS widerlegt, daß die ‚Fortsetzung' ursprünglich ein Reimpaargedicht war, das der Schreiber der Heidelberger Handschrift nachträglich in die Laissen-Form der ‚Arabel' bringen wollte, dies aber nicht vermochte. Vielmehr habe der Dichter selbst die ‚Fortsetzung' im Entwurfszustand belassen, weil er mit den Dreireimen Schwierigkeiten hatte, den Laissen-Rahmen jedoch von vornherein verbindlich vorgezeichnet.

Substantielle Einwände hat bis heute allein SEEMÜLLER erhoben. Er hielt zwar, wie SINGER, die ‚Fortsetzung' für authentisch, nicht aber ihre Darbietung in A mit abgemessenen Lücken für vorsorglich geplante 31er-Abschnitte. „Selbst für den ermüdenden Dichter" wäre „die Ergänzung des Triplets ... z. B. nach 312,30; 313,30; 316,30; 319,30 ... durchaus nicht schwierig" gewesen. An einigen Stellen „ist der unmittelbare Zusammenhang der die bezeichnete Lücke umgebenden Zeilen ein so enger, daß es nicht verständlich ist, wie die vorhandenen Zeilen ohne die fehlende überhaupt concipiert werden konnten": zwischen Si. 318,30 und 319,1 oder zwischen Si. 319,30 und 320,1 (l. c. S. 460).

Für unwahrscheinlich hielt SEEMÜLLER auch, daß „ein stückweise componierender Dichter bei ergänzungsbedürftigen Hauptsätzen (wie in 325, 327, 329 u. ö.) abbrach, oder mit abhängigen Satztheilen, denen die Rection fehlt, begann (wie 327, 331, 334 u. ö.)", und daß er, „falls die Lücken aus seinem Brouillon stammen, jedesmal so genau habe bestimmen können, wie viele Zeilen er zur Knüpfung des abgerissenen Fadens brauchen werde" (S. 461).

„Dergleichen Lücken können nicht vom Dichter herrühren, viel eher von einem Abschreiber, der Zeilen ausgelassen und einem späteren Anlaß gegeben hätte, die Lücken zu bezeichnen" (S. 460). Zurückführen wollte SEEMÜLLER alle diese Unstimmigkeiten wiederum auf „Mischung verschiedener authentischer Bearbeitungen": „ein Theil der in A freigelassenen Spatien wird auf ähnliche Einrichtung der Vorlage zurückgehen und in letzter Linie ein Reflex von Marginalien sein" (S. 461).

Gar nicht in Betracht gezogen hat er merkwürdigerweise, daß der Zustand der Überlieferung in Nr. 4 und Nr. 2 völlig anders ist: fortlaufende Reimpaare ganz ohne Lücken, in Nr. 4 durch Lombarden bei Si. 329,6; 332,5 und 334,14, in Nr. 2 bei Si. 329,6 und 330,29 sparsam gegliedert. Von den beiden ihnen gemeinsamen Zusatzversen liefert der nach Si. 329,6 den diesem Vers fehlenden Reimpartner, während der nach Si. 328,30 ein Triplet ergibt. Dies wenigstens könnte den Verdacht wecken, es sei eine Erzählung in Laissen nachträglich in Reimpaare umgegossen, doch gibt es dafür sonst keinerlei Anhalt. Der ‚Fortsetzung' in A fehlen von Anfang an gerade die Dreireime.

Obwohl man nicht mit Suchier behaupten kann, daß alle Leerzeilen in A freigelassen sind, „ohne dass jedoch etwas fehlt" (l. c. S. 7), hat in der großen Mehrzahl der Fälle wahrscheinlich nichts gefehlt. Die Fragmente Nr. 4 und Nr. 2 repräsentieren den ursprünglichen Zustand der ‚Fortsetzung' weit besser und vor allem im Erscheinungsbild richtiger als A. Ihr lückenloser Text sollte im Zusammenhang gelesen werden und wurde so, wie er ist, als tauglich und würdig befunden, in Prachthandschriften der Willehalm-Trilogie aufgenommen zu werden. Singers Text der ‚Fortsetzung' ist ein Schreiber-Experiment, das die Parallelüberlieferung als nicht autorisiert erweist.

Ich ersetze ihn durch einen Text in Reimpaaren mit durchlaufender Zählung, der für die durch Nr. 4 und Nr. 2 abgedeckte Partie kritisch zu sein beansprucht, während ich mich im übrigen, wohl oder übel, mit dem von A begnügen muß. Die ‚Arabel'-Bearbeitung Λ ist auch für einen kritischen Text der ‚Fortsetzung' kaum eine Hilfe. Dem sehr eigenwillig arbeitenden Redaktor hat eine Handschrift der *A-Version samt ‚Fortsetzung' vorgelegen, doch hat er diese, wie die ‚Arabel', stark gekürzt und mit eigenen Zudichtungen ergänzt. Der letzte mit der Heidelberger Handschrift A gemeinsame Vers ist Λ 2550 = Si. 344,31. Suchiers Vermutung, daß die folgenden, in A fehlenden, 17 Verse Λ 2551 – 2567 oder wenigstens die beiden letzten „die ursprünglichen Schlussverse des Ganzen" (l. c. S. 7) seien, ist ohne Gewähr. Sie leiten zu einem ‚Willehalm'-Exzerpt (Λ 2568–2617 = W 7,23–10,16 mit Auslassungen) über, mit welchem der alemannische Bearbeiter seinem neuen Text einen eigenen Schluß gegeben hat. Faute de mieux habe ich gleichwohl für alle parallelen Verse die Λ-Varianten notiert.

Die ‚Fortsetzung' ist kein selbständiges Gedicht und wollte keins sein. Sie sollte die ‚Arabel' vollenden und den Anschluß an den Einsatz der Handlung in Wolframs Roman herstellen. Ulrich hatte den verfügbaren Stoff für eine breitere Vorgeschichte beim Abbruch in Laisse *A 312 = *R 317 noch nicht ausgeschöpft. Vor allem die Vivianz-Nebenhandlung ermangelte einer begründenden Vorgeschichte. Sein Verhältnis zu Willehalm und Arabel-Gyburg war zu exponieren, seine Schwertleite zu erzählen. Von vorübergehenden trügerischen Friedensjahren war zu erneuter Konfrontation mit den Sarazenen überzuleiten, die mit Arabels Entführung und Übertritt einen zusätzlichen und bei Wolfram zum hauptsächlichen erhobenen Kriegsgrund hatten.

Der Fortsetzer, wer immer er war, verstand sich als Dienender, nahm den Faden auf, der bei *A 312,10 abgerissen war, und knüpfte ihn so geschickt, daß kein Knoten blieb. Die sicher von Ulrich stammenden Verse *A 312,8–10 müssen als Übernahme in den Abdruck der ‚Fortsetzung' einbezogen werden, weil das vom Fortsetzer ergänzte syntaktische Gefüge sonst keinen Anfang hätte. Sie beginnt dann mit Arabel-Gyburgs Abschied vom Kaiserpaar, dem derjenige Willehalms am Schluß der unvollendeten ‚Arabel' voraufgeht.

Si. 312,8	1	nv gie dv kv̇neginne her	f. 174ra
		mit ir fröwen, alse ez zam,	
,10		do der Markys vrlöp nv nam,	
		al lachent gein dem keiser hie,	
	5	der si öch lachent enphie.	
		bi im dv̇ keiserinne saz.	
		vnd von Arle der zvht niht laz	
,15		hie waz, sin erbvten sich ir.	f. 174rb
		Kybvrg sprach ‚v̇wer zvht sich mir	
	10	ze hohe bv̇tet, daz ist mir leit.	
		han ich gehabet werdekeit,	
		dv̇ ist dez Markgraven nv'.	
,20		ovch frien, graven *drungen* zv̊.	
		Heimerich vnd herzog Beonet,	
	15	dv̇ ritterschaft sich allv̇ het	
		bereitet, alse si wolten dan.	
		svnder ich niht genennen kan:	
,25		hie iegelicher vrlöpt sich.	
		dv̇ aventv̇re wert dez mich,	
	20	daz der kv̇nig si mit eren lie.	
		frien, graven, swaz der waz hie	
		von Arl, beleip bi im da.	
,30		nv kom der bvrkgrave sa,	
Si. 313,1		mit im dv̇ bvrkgrevin sin wip,	
	25	der minneklicher sv̇zzer lip	
		waz dez bvrkgraven frö̂de schantz.	
		sin herze ir neig dvrch fianz;	
,5		mit in Loys der emeral.	
		dez kv̇niges tvgent sich da nv̇t hal,	
	30	er enphie si wol nach kv̇niges sit.	
		nach kvrzer rede vnder snit	
		hiez der kv̇nig ziehen dar	
,10		drv̇ starchv̇ örs raben var,	
		vnd gantzer harnasch drv̇,	

---

2 ir die A. in gezam A.   3 do A.   13 .v̇ch A.   Nu drungen ouch Si. nach 23 eine Leerzeile A.   24 M-*Initiale* A.   32 Der küng do hiez A.

,15

,20

,25

,30

Si. 314,1

,5

,10

,15

35 drv̈ swert, drie helm, die von nv̈
ze presente dem kv̈nige waren braht.
ŏch waz der ŏrs not bedaht
mit richen deken vnd tehtir.
von golde manig reinv̈ zir
40 dirre helm spangen bant,
da von dv̈ venteilge erwant,
ein rigel die in den helm sloz.
der swerte knopf von silber groz,
helze vnd valz rich gegvldet.
45 sin dienst sich kv̈nige hvldet,
swer im dv̈ kleinot het gegeben.
der swerte scheide waren eben,
vz reinem silber geslagen:
si zemen kv̈nige wol ze tragen.
50 die scheide sloz ein richer borte
siden. an der scheiden orte
ir pant von liehtem gesteine
oben, ze tal vergv̈ldet reine.
der kv̈nig dv̈ kleinot wol besach:
55 ŏrs vnd teke, alse ich e sprach,
iser hosen vnd hersnier,
stivalikein vnd lendenier,
hv̈rtenir, kŏfen vnd prassel –
daz ist volles mv̈tes hel,
60 daz man dez bedarf ze nŏten wol,
swen ritterlichv̈ dol
ze velde alde in striten ieit.
dem kv̈nige ez allez wol beheit:
grozzer richeit man im iach.
65 ze dem Markys er do sprach:
‚min herze v̈ erens willen treit.
den mv̈t mir ganzv̈ liebe geit,
die ich v̈ trage: dez enzwifelt niht.
kraft vnd lŏfes man disen orsen giht:

f. 174va

---

36 Ze Si.] Die A.   41 von om. Si.   44 gegv̈ldet: hvldet A.   53 Oben Si.]
.eben A. nach 53 eine Leerzeile A.   54 D-Initiale A.   62 stritent A.   67
liebv̈ gı̇t A.   69 disem orse Si.

	70	der gan ich v̇ von herzen wol.
		daz ein der bvrkgrave sol
		ŏch nemen dvrch den willen min.
,20		Loys sol daz ander sin,
		den nv der tŏf slv̇zzet.
	75	vnd wissent, u̇wer werdekcit genv̇zzet
		dienst, den ir vns habet getan.
		kv̇neglich gewalt, den wir han,
,25		mit willen sol daz wider legen.
		swie vns der tot het v̇ber wegen
	80	an den, die ir habet ernert,
		die der heidentv̊m wolt han verzert,
		v̇wer manlich tat daz vnder fv̊r.
,30		der Markys do dem kv̇nege swůr,
Si. 315,1		daz helt nie wu̇rde so vnverzaget.
	85	von sinem veter er ŏch saget,
		wie gar dez tat wer vz erwelt,
		wie si kvmber weren geselt
,5		wan dvrch sinen wisen rat.
		disv̇ rede nv ein ende hat.
	90	Kyburg hie v̊ch gereit wart
		vnd alle, die mit ir vf die vart
		waren bereit von ir gesinde.
,10		an der aventv̇re ich niht vinde,
		wie iegelicher gelazzen wart.
	95	dv̇ kvnst ist vor mir bespart,
		doch weiz ich wol, ez geschach.
		grozze frŏde man hie sach
,15		an disem scheiden vnd v̊ch trvren.
		svmelich ellendes svren
	100	v̊ch bot dem herzen swere.
		nv kvste dv̇ minnebere
		Kybvrg hie die keiserinne.
,20		man dorft niht fragen hie, waz minne

f. 174ᵛᵇ

f. 175ʳᵃ

---

71 ander *A,Si.* 73 dritte *A,Si.* 74 tŏffe *A.* **nach** 83 *eine Leerzeile A.* 84 D-*Initiale A.* 90 nu wol beraitet *A.* v̊ch *Si.*] hoh *A.* 91 Und die andern alle uf *A.* 92 Berait wart ouch ir *A.* 98 trv̊ren : sv̊ren *A.* 101 die *A,* hie diu *A.* 102 küneginne *A.* 103 Hie waz nit won liebiu minne *A.*

an wiben worhte: man sah ez wol.
105 manig sůzzer mvnt der minne zol
můste bieten hie von siner sůzze.
in *liebe* sih bot ze grůzze,
,25 in dem dv̇ minne kreftig schein,
nv Kyburg dv̇ můtes rein
110 in lieb hie dez keisers wip.
daz hort manig *liehter* lip
von manne vnd wibes bilden.
,30 von dem můst vngemůt wilden,
Si. 316,1 swem si dvrch minne buten sich.
115 ‚min sůzzv̇ frǒwe, ich ger daz ich
in vrlǒb mit mir fv̊re hin
Alyzen, die jvngen keiserin,
,5 vnd Fivianzen den klaren.
daz leben von minen jaren
120 wil ich in liebe mit *in* vertv̊n.
vnd gebent vns die heiden sůn,
so zv̇ch ich si alse minv̇ kint
,10 dvrch die liebe, daz si sint
von dez Markgraven sippe komen,
125 dez werdekeit ich han genomen
fv̇r zwo kron, vnd tete noch fv̇r dri.
minne vnd liebe ist min vri,
,15 swa ich sin eines nv̇t enhan,
da ist minne lieb mir ein wan.
130 sin hoher pris mich dez nǒtet.
siner trṷwen tvgent mich hat gelǒtet
so, daz ich ime liebe trage. *f. 175rb*
,20 vil groz genade ǒch ich, frǒwe, sage.
v̇wer *wirde* sich hat an mir
135 so gert, kv̇neginne, daz wir
iv sv̇ln danchen iemer mere
werdekeit tat vnd grozzer ere,

---

104 geworht *Si.* 107 liebe *Si.*] libe *A.* 109 Nv bot *A*, Nu gebot *Si.*
111 liehter *S.*] lihter *A.* nach 113 *eine Leerzeile A.* 114 S-*Initiale A.*
115 Si sprach ich ger, frouwe kaiserin *A.* sv̇zzi *A.* 116 Daz ich mit *A.*
120 mit lieb *A.* in *A,Si.*] im *A.* 121 Und gen den haiden machon suon *A.*
123.124 Won si von dem margraven komen sint *A.* 134 wirde *Si.*] frœde *A.*

,25   ich vnd der Markys, min lieb amys.
       ich wen, sin herze ist doch so wis,
140   daz sin truwe gedenket dar an'.
       do sprach dv kvneginne san:
       ,min herze im lieb sippe giht,
,30   svzzv, nv enzwifelt niht,
Si. 317,1   wir wellen v gebvnden sin,
145   ich vnd min herre, in liebe schin.
       teilt minne lieb dem Markys so,
       daz minne lieb in halte ho,
,5   daz minne lieb im liebe svzze
       vnd minne lieb in wird *in* grvzze.
150   dv lieb wol vns fröwen zimet:
       mannes herze vil fröden nimet,
       swa liebes minne so liebet sich'.
,10   dv rede sich schiet, svs lert man mich.
       manig minne kvs da ergie.
155   von Arl dv kvnegin vmbe vie
       Kyburg, ir vil liebe totten.
       ,mir vnd dem kvnige ist gebotten
,15   ze dienst, alse ir gervchet.
       min truwe liebe svchet
160   gein v dvrch truwe geltes lon'.
       do sprach der grave von Naribon:
       ,min svn v beiden wol getrowet.
,20   vnd ist daz selde an *im* bowet,   f. 175ᵛᵃ
       vwer zweiger wirde daz höhet.
165   dienstes lieb sich niht flöhet
       von im gein v mit er bieten.
       ob sich werdekeit sol nieten
,25   etlichv iar min liebes kint,
       so mag vntat vnder bint
170   minen werden svn niht geswachen.
       stete vnd truwe im mvzzen lachen,
       sin art dv tvgent gvrtet.

---

143 Svzzi *A. nach* 143 *eine Leerzeile A.* 144 W-*Initiale A.* 149 wird in *Si.*] wirden *A.* 156 lieben *Si.* 160 vch *A.* 162 vch *A.* 163 im *Si.*] in *A.* 166 vch *A.* 172 die *A.*

,30 vntete flvz ist vngefv̊rtet
Si. 318,1 uon im, daz er dvrch kranch in sv̊che.
175 min herre der kv̊nig hie des gerv̊che,
sit wir gnade han hie fvnden,
daz wir sin gebvnden'.
,5 der kv̊nig der rede danket sere.
nach frö̊den richer lere
180 daz vrlǒb sih schiet dort vnd hie:
der keiser mit Kybvrge gie.
do nv die frö̊wen waren bereit,
,10 der maget Alyzen man do beit,
biz daz si ir gespiln besant
185 vnd ǒch ir token in gewant:
der wolt si da vergezzen niht.
liht aventv̊r geschiht,
,15 daz ir wirt ein ander toke,
der minne si ze hoher liebe loke,
190 danne ir dehein toke tv̊.
nv waz ez an dem tage frv̊.
Fivianz vnd Mile,
,20 Gavters vnd Gavdin mit ile,
Gwigrimanz vnd Bernhart,   *f. 175ᵛᵇ*
195 Joseranz vnd Witschart,
ich wen, die frö̊wen vf hv̊ben.
da wart ein minneklichez trv̊ben
,25 von sv̊zzen ǒgen mit zehers vnden,
die sich alda fv̊r roten mvnden
200 mit stiller rere walten nider.
nv waz da her vnd wider
ze ors dv̊ ritterliche diet.
,30 der keiser nv̊t von Kybvrge schiet,
Si. 319,1 biz si vf das pherit gesaz.
205 der bvrkgrevin er nv̊t vergaz,
er nem ir zǒm dvrch condwiren.
die minne klaren vnd die firen

---

nach 173 *eine Leerzeile A.*   174 *U-Initiale A.*   177 im iemer sin *Si.*   180 vrlǒbt *A.*   190 tv̊ : frv̊ *A.*   199 rote munde *Si.*   200 valten *Si.*   201 her da *A*, herdan *Si.*   203 nv̊t *om. A, Si.*   nach 203 *eine Leerzeile A.*   204 *B-Initiale A.*

,5   mit lieb man ze velde braht.
          Heimerich zv̊ Kybvrge gaht
     210 vnd dv̇ grevin Irmentschart.
          dv̇ keiserin sich het geschart
          mit einer rich*en* frv̊wen schar.
,10   die waren zv̊ den phered*en* gar,
          hie kerten Kybvrge zv̊.
     215 do si kamen ze velde nv,
          do sach man trvrens vnderbvnt.
          dv̇ keiserin vil manige stvnt
,15   Kybvrg zv̊ ir in liebe gevie:
          ‚owe sv̊zzv̇, vnd soltestv hie
     220 bi mir sin, dez frv̊t ich mich.
          doch sol ich sehen dich
          da heim, fv̊get ez sich mir.
,20   vnd wizze, daz vngescheiden wir
          in swester liebe mv̊zen sin'.
     225 nv zv̊mt*en* die vier meralin   f. 176ʳᵃ
          ir wirte hie, alse ez wol zam.
          der Markys vrlv̊p nv nam
,25   ze dem keiser vnd der kv̇negin.
          biten moht nv nv̇t langer sin,
     230 mit grozzer liebi nv scheiden si sich.
          dannan kert Kybvrg, svz wen ich,
          gein Orans, vnd grevin Irmentschart.
,30   vil dicke von in gesehen wart
Si. 320,1 bedenthalp, doch rittens hin,
     235 hie Kyburg, *dort* dv̇ keiserin,
          heim, alse daz wol zam.
          Kybvrg nv Alyzen nam
,5   vnd sprach ir lieplichen zv̊.
          do si Orangse nahten nv,

---

212 riche *A*.   213 pherede *A*.   214 zv *A*.   219 sv̊zzi *A*.   224 mv̊zen *Si.*] om. *A*.   225 zv̊mten *Si.*] zv̊mt *A*.   226 nach 227 *A*. Alz im von rehte wol gezam *A*.   228 Von *A*.   229 wolt *A*.   230 schieden *Si*.   234 B-*Initiale A*.   235 dort dv̇ *Si.*] dvrch die *A*.   237 Do nam diu künegin gerait / Alisen und Fivianzen, diu kint *A*.   238 zv̊ : nv̊ *A*.   239 Nu si ze Orense komen sint *A*.

	240	do wurden si enphangen wol.
		dv̊ grevin Irmentscharte sol
		Kybvrge leren hvsfrȯ̊we sin.
,10		nv waz gesenft der heiden pin,
		den der Markys het erliten.
	245	ȯ̊ch waz hie vil vngebiten,
		die frȯ̊wen hv̊p man alle nider.
		ȯ̊ch trv̊gen die kamerer wider
,15		der richeit, swaz der beliben waz.
		Kybvrg gie vf ir palas
	250	grave Heimerich an der hant.
		grevin Irmentschart sich vnder want
		dez gescheftes gar ze hvse hie.
,20		der kamerer zvht nv nv̇t lie,
		swaz man ze tische solde han,
	255	daz waz bereit: vf trv̊g man san.
		mit frȯ̊den si nv waren hie.
		Kybvrg die bvrkgrevin vie
,25		bi der hant vnd wiste si dan,
		do si ze tische solde gan.
	260	ȯ̊ch braht Mil vnd Fivianz
		Alyzen, der ein rosen kranz
		bedaht daz har nach meide sit.
,30		ob tische wart sv̊zzer vndersnit,
		da von meiden, da von frȯ̊wen,
,32	265	man moht si nv in frȯ̊den schȯ̊wen.
Si. 321,1		nv waren si von leide komen
		vnd heten an sich den tȯ̊f genomen.
		daz frȯ̊t der *helden* massenye.
		Kybvrg, dez wunsches amye,
,5	270	von der grevin wart geleret,
		daz si offte an tvgenden eret:
		gein den die Oransche sv̊hten
		vnd ȯ̊ch ir helfe gerv̊hten,
		mit helfe der mit willen pflag.

f. 176ʳᵇ

---

241 Die grevin *A*, Vro *Λ*. Irmentscharten *A*. nu leren sol *Λ*. 242 Kiburc die süezen künegin / In ir huse wirtinne sin *Λ*. 243 gesenfte *A*. *nach* 245 *drei Leerzeilen A*. 252 hv̊se *A*. *nach* 265 *eine Leerzeile A*. 266 N-*Initiale A*. 268 helden *Si.*] heiden *A*. 274 Min *A*, Minn *Si*.

,10 275 diz wert biz an den tag,
daz dv̊ kv̊neginne sich wol verstv̊nt
nach kristen orden, alse noch tv̊nt
vil edel fröwen, e ir scham gewon
bi nüwen wirten: hie lazzen wir von.
,15 280 Kybvrge hie alsam geschach.
Irmentschart do zv̊ ir kinde sprach:
,min tohter ist nv bewiset wol
dv̊ kv̊negin, svn, daz dir niht sol
vmbe hvs ere wesen leit'.
,20 285 öch het Alyze nv dv́ meit
gewont, daz si waz gerne da.
v́ber kvrze tage si sich sa
schieden mit vrlȯp dan,
alse ich v́ e gesaget han.
,25 290 dem bvrkgraven si danchten sere,
vnd der bvrkgrevin dvrch die lere,
dv́ mit zv́hten an Kybvrge schein.
manig richer pfellor, vil edel stein
von in zwein der bvrkgrevin wart.
,30 295 svs schiet sich grevin Irmentschart.
Si. 322,1 si fv̊ren heim gen Naribon.
Kybvrg nv lebt schone,
sit si dez landes fröwe waz.
velt blv̊men vnd graz
5 300 gv̊t rosse tyer waz gar geschont.
daz lant nieman hont,
sit der Markgrave nv der mark gepflag.
reht gerihte gein schvlden wag
mein tat mit wage schin:
,10 305 Karls lot mv̊st vf der wage sin.
diz wert biz in daz sehste jar,
daz haz vnd leit mit nides var
aller Franzoyser lant entworht,
vnd Tybaldes verlornv́ minne worht,

---

278 Vil *Si.*] Vñ *A*.   285 die *A*.   *nach* 295 *eine Leerzeile A*.   296 S-*Initiale
A*.   300 Mit rosse trit was *Si.*, Aller hande waz *A*. geshœnet : hœnet
A.   302 markg pflag *A*, marke pflag *Si.*   307 Dez *A*, Des *Si.*   309
Tybaldes *Si.*] Tybalde *A*.

,15   310   *daz* blv̊tes v̊nde daz lant betŏten.
            mit iamer die kristen bŏten
            mit gedinge vf zwifels grvntveste.
            den *wal* Kybvrge vor wol weste.
            daz lazzen wir sin, ez ist geschehen.
,20   315   nv begvnde der bvrkgrave iehen
            wider den Markys, sin were zit:
            ,min ding, herre, also lit,
            alse i̊, herre, ist wol kvnt'.
            der Markgrave schv̊f do ze stvnt,
,25   320   daz der bvrkgrave wart bereit.
            daz ich von vil eren seit,
            der wart in erbotten vil.
            daz ich nv kv̇rzen wil.
            der Markys sant in mit eren dan,
,30   325   do daz vrlŏp waz ergan.
Si. 323,1   mit vil richeit daz ergie:
            di̊ kv̊neginne si zv̊ ir vie
            vnd kvst si wol tvsent stvnt:
            ,aller miner frŏden fvnt
,5   330   was, do ich v̇ch sv̊zzen vant,
            vnd mich besloz der kristen lant.
            des wil ich i̊ iemer trṷwe tragen'.
            der zweiger minne liebe iagen
            betowet rosen rotv̇ wange.
,10   335   daz vrlŏp waz nv nv̇t lange.
            Berhtram vnd Gerhart,
            Bv̊b vnd Witschart,
            Huwes vnd Arnalt,
            die waren ie an tete balt,
,15   340   den bvrkraven beleiten dan.
            der Markys hiez dar ziehen san
            daz ors, daz im der kv̇nig gap,
            dez kraft getorst *in dem* walap
            vesteklichen herten.

---

310 Daz blv̊tes vnde *Si.*] Dez blv̊te vñ *A.* 313 wal *Si.*] val *A.* borwol veste *Si.* 318 v̇ch *A.* 321 Waz ob ich *Si.* 323 ich iu *Si.* nach 325 *eine Leerzeile A.* 326 M-*Initiale A.* 327 Die *A.* 332 v̇ch *A.* 343 in dem *Si.*] den im *A.*

,20 345 daz sante er sinem geverten,
dem bvrkgraven von Tvninat,
vnd swaz im der kvnig gegeben hat.   f. 177ʳᵃ
svs schiet er gein Rivetinet.
Kybvrg öch gegeben het
,25 350 der bvrkgravin kleinodes vil.
nv waz nimer beitens zil.
ir jvncfröwen kleinot öch geviel.
nv fvnden si kalenden vnd kiel
,29 in der habe, gesinde gesvnt.
354a . . . .
Si. 324,1 355 svs förens heim, dise kerten dan.
nv hôrt waz ich vor gelazzen han
von iamer, den ich mvz noch sagen.
nv begvnde nach ritterschefte iagen
,5 Fivianz mit frecher tat.
360 swie klein er doch der iare hat,
swa er ie tvrnyre vant,
da wolt er sin, biz er bekant
ritterlicher tete spil.
,10 biz an dez sehsten iares zil
365 diz wert, als daz mere giht.
frôde het hie hove pfliht.
von maniger kvrzewil komen bat
öch der Markys genomen hat
,15 zv̊ im sin ivnge mage.
370 der mvt gebart niht trage,
swa man pris bezalt.
der jvnge vnd öch der alt
sich zerten in prises sehen,
,20 daz man ir tat mvst iehen,
375 daz sich dv niht kvnde zweigen.
ditz sich gezoch gein einem meigen,
gein den phingestlichen ziten,

---

351 bitens *A*. 353 kaleden *A*. 354 daz gesinde *Si*. nach 354 *eine Leerzeile A*. 355 S-*Initiale A*. 356 wa *A, Si*. 358 *am Fuß der Spalte nachgetragen mit Verweiszeichen A*. 359 Vivianz ilen mit Λ. 361 turnieren Λ, *Si*. 362 sin baz bekant Λ. 365 wert lange Λ. 366 hohe Λ. 367.368 komen. / Ouch hat der markys genomen *Si*. 376 Bitz *A*, Biz *Si*.

		daz velt vnd owe witen
,25		sich hat geblv̊met vnd gekleidet.
	380	des sv̊zzen meigen weiden weidet
		v̇ber velt bŏm vnd walt.
		nv kam der grave Arnalt
		ze Orangse dvrch kvrzwil geriten,
,30		*den* Kybvrg so in frŏden siten
Si. 325,1	385	enphie, als ez ir tvgenden zam.
		den graven si bi der hant nam,
		vnd sazte in nebent sich:
		,ey sv̊zzer frv̇nt, wie moht ir mich
,5		so lange miden vnd den Markys?
	390	aller miner frŏden wis
		ist mir ze dez Markgraven kv̇nne.
		der hŏhsten frŏden wv̇nne,
		die min herze gehaben kan,
,10		ist so ich sihe ir einen an.
	395	ir trost mich ze frŏden leit.
		swaz ich in leide han *gebeit,*
		daz hat ein selden ende genomen.
		nv was der Markys komen.
,15		dem wart dez brv̇ders komen kvnt.
	400	do er erbeizte, er gie ze stvnt
		zv̊ der kv̇negin, da er in vant.
		er tet hie brv̇ders lieb erkant,
		sin riche enphahen in braht dez inne.
,20		ŏch sprach er zv̊ der kv̇neginne:
	405	,nv pflig sin, frŏwe, als er dir si.
		wisse, er ist vns mit trv̇wen bi'.
		daz frŏt der kv̇neginne sin.
		nv schier gie vf den palas in
,25		Fivianz vnd dv̇ ritterschaft.

f. 177ʳᵇ

---

384 Gen *A, Si.* nach 384 *eine Leerzeile A.* 385 E-*Initiale A.* tugende Λ. 388 Hey friunt Λ. 389 gemiden Λ. 391 *hier beginnt Fragment 4.* Ist zv̊ *A, Si.* 392 liebv̊ *A,* liebe *Si.* 395 leite *A.* 396 gebeit *Si.*] gearbeite *A.* 397 selig *4.* 399 Sinz bruoder komen hat er vernomen Λ. 402 liebi *4.* 403 Ein *4.* braht in *4.* 404 Er sprach zer küneginne Λ. 405 Dv *A.* 406 Wissent Λ, Sit *A.* er vns ist *A,* er ist dir *4,* er ist iu Λ. 408 hin *4.*

	410	Arnalt wart mit liebe kraft
		enphangen, als da ze hove zam.
		dv kvneginne nv wasser nam,
		grave Arnalt vnd der Markys hie.
‚30		dv kvneginne dez niht enlie,
Si. 326,5	415	si tete nach zvchten schin:
		Arnalt vnd dv kvnegin,
		dv schŏne Alyze, vnd der Markys
		hie wart gedient in zvhte wis.
		gantzer wille si dar zv treip.
‚10	420	der grave nv alda beleip
		wol vf sehs tage vrist.
		Arnalt sprach ‚daz dv so bist
		hie heime vnd niht tagalte pfligest!
		schaffe daz dv so iht ligest!
‚15	425	dv hast hie ivnger mage vil,
		den wol tvt ritters tete spil.
		betrahte daz vnd volge mir:
		mache vns frŏde, e ich kom von dir!
		sin ist wol zit, daz man daz tv!'
‚20	430	nv horte dv kvneginne zv,
		der disv rede vil wol behgeit.
		si sprach ‚er hat dir war geseit,
		ez zimet dir wol nach dinem komen.
		da wirt frŏde von vernomen,
‚25	435	sit si von hoher arte sint.
		vnd ob ir svmlichv kint
		in iaren sin, waz ist dar vmbe?
		die wisen lern *den* tvmben,
		biz er manlicher tat gewon'.

f. 177ᵛᵃ

f. 177ᵛᵇ

---

410 lieb *A, Si.*, liebz Λ. — 411 daz *A, Si.* — 412 Diu rittershaft Λ. *nach* 414 *fünf Leerzeilen A.* — 415 .n einz moht wol sin *A, Si.* — 417 schon *A.* — 418 H-Lombarde *A.* — 421 Sehz tage, die er da vertraip Λ. — 423 heim *A, Si.* tagalt *A, Si.* — 424 icht so *4.* — 426 tete ritterz spil Λ. tvnt *4.* getete *4.* — 428 mir Λ. — 429 Ez *4.* — 431 behagt : gesagt *4.* — 435 so hoher art *A, Si.* — 436 ir *om. 4.* svmlicher *A.* — 437 In ivgen iarē sint. waz dar *4.* — 438 Si *A.* leren *4.* den *Si.]* die *4*, der *A.* tvmbe *A.* — 439 getat *4.*

,30 440 an dirre rede lie si niht von,
Si. 327,5 ‚daz ich in wil dez bringen inne,
ob ich in von herzen minne.
sin art wirt von mir gehôhet.
sin tvgent zv̊ mir hat geflôhet
445 vil liebi, dv̊ mich hat ergetzet,
,10 ob ich an liebi waz geletzet.
sin pris wirt von mir getv̇ret,
sit sich sin trv̊we so hat gehv̇ret
gein mir in gantzer liebi hol'.
450 der grave sprach ‚von reht v̇ sol
,15 vnser kv̇nne bieten ere'.
nv tet er nach ir beider lere:
Berhtramen er besande.
der het ze Provenz in dem lande
455 vil gv̊ter bv̇rge: da vant man in.
,20 da waz er gevarn hin,
do der Markgrave wider kam.
Kybert vnd Hves er zv̊ im nam,
die waren im gesezzen na:
460 zv̊ dem Markys si riten sa.
,25 er tet in dise rede kvnt,
Berhtram sprach ‚ez ist ein fvnt,
der dem lande ze frôden frvmt.
o̊ch schaffe ich wol, daz vns kvmt   f. 178ʳᵃ
465 werder ritterschefte vil'.
,30 der Markgrave sprach ‚brv̊der, ich wil
Si. 328,5 hvndert ritter ich machen wil.
dez stozze ich nv̇t langer zil.
vnser mage ich wil besenden.

---

440 In 4. si *om. A, Si.* nach 440 *fünf Leerzeilen A.* 443 arte 4. 444 hat zv̊ mir 4. 445 lieb *A.* 446 *hier beginnt 2.* lieb *A.* 447 Min *A.* getv̇rt : gehv̇rt 4. 448 so *om.* 4.2. 449 lieb *A.* holn *Si.* 451 kv̇neginne *A.* uch bieten 2. 453 Der margiz Berhtram sinen bruoder Λ. Berhtram *A.* 455 gv̊te *A.* da man vant 2, die man da vant 4. 457 Da 2. 458 Kybˢten 4.2. er *om.* 4. zim 4. 460 Zv̊ *om.* 4. 461 Ze Orenz er tet imz Λ. 462 do sprach *A.* 463 kunt Λ. kunt : kunt 2. 465 Hˢ der 4.2, *Si.* 466 margiz sprach zem bruoder sin Λ. nach 466 *fünf Leerzeilen A.* 467 ich ze ritter 2. 469 *om.* 4. 469.470 *fehlen* 2.

	470	ŏch sůllen in allen enden
		werben wir, daz ez geschehe
,10		ze disen phingesten, daz man sehe,
		daz vns ge niht an frǒden abe.
		wel mir vz, daz ich habe,
	475	dv vnd min brv̊der Kybert,
		hvndert edel knappen, die swert
,15		enphahen mit Fivianz.
		man mv̊z hie frǒde sehen gantz,
		also wil dv̇ kv̇negin'.
	480	Kybert do sprach ,der sv̇l wir sin
		gebottes iemer vndertan.
,20		ir tvgent daz wol verdienen kan,
		sit daz si vns ze frǒden wart'.
		ditz waz nv vngespart,
	485	si ritten vnd besanten sich:
		des wert dv̇ aventv̇re mich.
,25		ez ergie, als ich gesaget han,
		gein Oransch si zogten dan.
		dar komen tvsent ritter oder mer.
	490	nv wart nach Kybvrge ler
		daz rich gezelt hie vf geslagen.
,30		ŏch sach man vil sǒmer tragen,
		beide karren vnd wagen.
Si. 329,6		nv hv̊p sich manger hande spil,
	495	der ich nv niht sagen wil.
,7		floytirn tambvren vnd tschalmin,
		in dem kle muos ir kamer sin.
		fv̇r den witen palas
,10		dv̇ ritterschafte erbeizet waz,

f. 178ʳᵇ

---

470 sv̇lt allen *A*. 471 Ez werbē daz *A*. 474 Welle *4*. 477.479 Mit Fivianz dez wil diu künegin *Λ*. 477 viviantze : gantze *4.2*. 478 mine *A, Si*. 480 Do spᵃch Kybert da *4.2*. 481 Gebetes *4*. 482 Der *4.2*. 483 Sit] .i *A*. ie zu *2*. 485 ranten *2*. hin vñ hˢ vñ *4.2*, uz und *Λ, Si*. 486 Alz diu aventiure werte *Λ*. bewert *4.2*. 488 Oranse *4.2*. si *om. Λ*. 489 Dar komēt *4, om. Λ*. unde *Λ*. mere : lere *2*. 491 hie *om. Λ*. 492 somer *A*. nach 492 *fünf Leerzeilen A*. 493 *om. A, Si*. 494 N-Lombarde *4.2*. 495 *om. A, Si*. 496 Flŏten *4*, Pfiffen *2*. tambvr *A*, tambren *4*. schalmien *4.2*. 497 Der kle mv̊st hie *A*. mv̊z *4*.

    500 vnd giengen schȯwen vf daz rivier,
       hie zehen dort sehse da lihte vier,
       vnd benamen sich dem sweizze gar.
       wie manig reide valwes har
,15   der geste hȯpt hie zieret!
    505 *beselwet* vnd gefieret
       si vf den palas giengen,
       da si nah witze enphiengen
       der Markys vnd dv̇ kv̇negin.
,20   nv bedaht vil tv̇rer phellor schin
    510 Termis den palas v̇ber al.
       der heiden richeit sich nv̇t hal,
       daz moht man an Kyburge hie sehen.
       ȯch saz bi ir an dem man spehen
,25   mohte minne gelezze wol.
    515 nv wart der palas frȯden vol:
       die tische man rihte vnd gap genv̊g,
       mit fideln harphen man fv̇r trv̊g.
       dirre frȯde gie doch ein angest zv̊.
,30   ȯch kvnden alle ir frȯwen nv
Si. 330,5 520 den gesten schaffen gv̊t gemach.   *f. 178*ᵛᵃ
       dez morgens do man messe sprach,
       do hiez dv̇ kv̇negin dar tragen,
       der ich niht tar gesagen,
       von phellor samit vnd ander lachen
,10   525 hvndert rittern, die an swachen
       die wat mohten wol enphahen.
       nach den botten sach man gahen
       hvndert ȯrs vnd nu̇we gereit
       vnd als vil nu̇wer schilte. der *breit*

---

501 da – dort *A*. 502 dez sweizzes *A*. 503 Hie manig reidez *4.2*. 504 ziert : geviert *4*. 505 Besolt *4.2*, Wesehlt *A*, besaeldet *Si*. vngefieret *A*. 506 giengēt : enpfiengent *2*. 507 witzen *A*. 509 pfelle *4.2, Si*. 510 Dermes dem *A*. 511.12 fehlen *2*. 512 hie *om. 4*. 513 sazen *2*. den *4.2*. sehen *2*. 514 nach 515 *A*. Man sach da *A*. 516 gap *om. 2*. 519 nv̊ *A4*. nach 519 *fünf Leerzeilen A*. 520 schv̊ffen *A, Si*., man schv̊f *4*. 521 gespach *2*. 523 gar mag *4.2, Si*. 524 pfelle *4.2, Si*. deglachen *2*, dˢlachen *4*. 529 vil schillten dar *4.(2)*. breit *Si*.] bereit *A.(2)*.

,15   530   bevie vil rich*er* spangen von golde
            vnd ie ein bv̊kel, alse si solde
            die spangen zv̊ ir sliezzen,
            bereit wol an verdriezzen
            mit meisterlichem vlizze.
,20   535   nieman mir daz verwizze,
            ob ich v̇ prv̊fe daz ich nie gesach.
            dv̇ aventv̇re mir sin veriach,
            als da stet, wie waz geheret
            sin schilt: ob daz min zvnge meret,
,25   540   daz sol man dvrh zvht mir wizen niht.
            sid man Kyburge der wirde giht,
            so kan ich kvm geliegen hie.
            der Markgrave *vnd* o̊ch die
            Fivianzes schilt gesellen,
,30   545   ob sich die nv bereiten wellen?
Si. 331,5   ja, vil wapen roke vnd richer decke: *f. 178*^{vb}
            dv̇ fro̊de git herzen weke,
            swa man die dvrch fro̊de tv̊t.
            von pfellor manigen richen hv̊t
      550   man mahte zv̊ dem reinen kleit.
,10   Kybvrge herze liebe ieit
            gein Fivianz vnd gein Milen.
            o̊ch waren gesant mit ilen
            vil boten, als ich ez han,
      555   die manig scho̊n kastelan
,15   brahten gein der marke.
            Berhtram nach schowen vil starke
            mit den vil scho̊nen pherden gie.
            nv waz grozzv̇ fro̊de hie

---

530 Gelvie *A*. richv̇ *A*, riche *4.2*. spange *A*. mit *4.2*. 531 In die bvckeln *4.2*. bv̊kel *A*. solden *4.2*. 532 zir *4*, zer *2*. sv̇zzen *A*. 536 v̊ch *2*. 538 gehert : mert *4.2*. 540 nieman *2*. 543 vnd *Si.*] om. *A 4.2*. 544 U-Lombarde *2*. *nach* 545 *fünf Leerzeilen A*. 546 Ja *om. A, Si.* 548 friunde *Si.* 549 pfelle *4.2, Si.* 550 richen *4*. 551 lieb *A2*. 554 ichs *4*. 555 Wie *A*. 556 B^ehtram vñ and^s brahten *4.2*. gein der] wider *A, Si.* 557 Berhtram *in* 556 *vorweggenommen 4.2, om. A, Si.* .oh schowē vñ starke *A*, Hoh schœn unde starke *Si.* 558 vil schōn^s pferidē *4*, vil scho̊ner pferde *2, Si.*, vñ scho̊nē pherde *A*. 559 gro̊ze *4.2*. 560 an *2*.

560 vf der bvrg vnd in dem plan.
,20   vil bvhvrt sach man hie began
       vor der kv̊negin vnd den froẘen.
       man mohte hie vrien graven schŏwen
       hie an dez Markgraven schilt.
565   nv wart Kybvrge tvgent gezilt
,25   so hohe, daz man ir wirde iach.
       ŏch waz bereit, als ich e sprach,
       nach der aventv̊re sage.
       diz waz an dem phingestage.
570   von der ritterschaft wart gedrank,
,30   do man nv die messe gesang.
Si. 332,5 dar nach segent man in dv̊ swert.   f. 179ʳᵃ
       der Markgrave nieman anders gert,
       der segente sinem neven,
575   wan ein kappelan hiez Steven,
       des herze sich so reine hielt:
,10   gein got er vil tvgent wielt,
       ŏch hielt er sinen orden wol.
       nv wart der palas aller vol,
580   den man nv schier rvmte hie,
       do dv̊ messe vnd der segen ergie,
,15   vnd man dv̊ swert in vmbe gegvrt.
       do hv̊p sich ein bvhvrt.
       der wol ein wibes herze vie,
585   Fivianz sich so an lie,
       daz man in fv̊r si alle priste.
,20   ob ich v̊ch nv bewiste
       von sinem schilte vnd richer wat,
       her Wolfram daz gesaget hat:

---

561 sach *om. A.*   564 Wie man *A,* Ze man *Si.*   565 Da *4.2.* tvgēde
4.2.   566 tvgēde *4.2.*   570 den rittern *Λ.* wart groz *Λ.*   571 Da *A.* nv
om. Λ. sang *A.* nach 571 *fünf Leerzeilen A.*   572 D-*Lombarde 4.* segē-
te *4.*   573 nit *Λ.*   574 segent *A, Si.*   576 gemeine *4.2.*   577 Wan er gen
gotte *4.2.* tvgēde *4.2.*   580 rvmte *A.*   582 Do *Λ.* in dv̊ swˢt
4.2. Λ,Si. gvrt *4.2.*   583 Da *A2.*   584 Den *Λ.* an *A.*   586 Da
A.   587 v̊ch nv̊ hie *2, Si.,* iv hie nv *4.* wiste *4.2.*   588 (von 2) sinˢ richē *4.2.*

	590	sin ist vndvrft, daz ich ez sage.	
		dar nach an dem dritten tage	
,25		dv̇ ritterschaft ze lande kerte,	
		dv̇ sit iamer trvren lerte,	
		als v̇ daz mere noch kv̇ndet.	
,28	595	her Wolfram hat ez ergrv̇ndet,	f. 179ʳᵇ
Si. 333,3		wie der Markys minne ko̊fte,	
		daz manigen von dem leben slo̊fte.	
,5		Kybvrge sv̊zze wart hie svr!	
		ir kamen bőse nahgebvr,	
	600	von den der walt wart geőset.	
		her Wolfram daz hat zelőset,	
		daz wir sin nv̇t dv̇rfen vragen.	
,10		ivch beginnet doch der leide betragen,	
		swie ir ez vor habt gehőrt.	
	605	reinem herzen ez hernah fro̊de sto̊ret	
		vnd trv̊bet sinen reinen mv̊t.	
		nv hőrt, ob ez v̇ch dvnke gv̊t!	
,15		Fivianz vnd sin geselleschaft,	
		die pflagen nv solicher ritterschaft,	
	610	daz man in prises tete iach.	
		Fivianz do zv̊ Milen sprach:	
		,ob dv wilt, wir sv̇ln besehen	
,20		vnd mit gemeinem mvnde iehen',	
		vnd giengen zv̊ der kv̇negin:	
	615	,ez sol mit ůweren hvlden sin,	
		frőwe, daz wir riten hin	
		dvrch sehen die keiserin	
,25		vnd minen herren, den kv̇nig Loys.	

---

590 Ez ist niht dvrft *4.2.* ich daz *2,* ichs *4.* 592 kert : lert *A, Si.* 594 v̇ch *A2.* 595 Daz her *2.* ez *om. A2.* gegrůndet *2.* nach 595 *fünf Leerzeilen A.* 596 Wie *om. 4.2.* hie mīne *4.2.* ko̊ft: slo̊ft *A, Si.* 598 Kybˢgez sv̌zi *4.* 599 nâchgebvrn *4.* 601 hat daz *2.* zerlőset *4,* erlőset *2.* 603 Ôch beginnet ůch (iv̇ *4*) der *4.2, Si.* 604 irs *4.* wol *2.* 605 Reinen *A2.* ez *om. A4.* er nah *A,* noch *Si.* frőden *A, Si.* 607 iv̇ dvnket *4.* 609 so *A, Si.* 610 pris *2.* getete *4.2.* 612 sehen *A, Si.* 613 Von ... *A,* Vron Kyburg *Si.* gemeinen *A.* mvnde *om. A, Si.* 614 Fivianz gie zv̊ *A, Si. Ende von 2.* 616 hein *4.* 617 sehens *4,* gesehen *A.* 618 Und den edelen künig *A.* Von minem *A.*

		da vinden wir manigen Franzoys,
	620	da wirt ůwer wirde bekant'.
,28		nv hat her Wolfram nieman genant
Si. 334,3		denne den klaren Fivianz,
		den er vant vf Alischantz.
,5		der Markgrave ob im erbeizte,
	625	den leit ze iamer reizte.
		owe dez iemerlichen smerzen,
		der do in wibes herzen!
		die klag ir e habt vernomen:
,10		nv lat vns aber wider komen,
	630	da dv̇ rede e beleip.
		Kybvrch si nv̇t wider treip
		dez willen der si ze frŏden ieit.
		nv enbot Alyze dv̇ meit
,15		bi Fivianze grv̊zzes vil.
	635	si riten dan in kvrzem zil
		vnd kerten rihtes gein Mv̇llevn.
		Pynal dez kv̇niges garzvn,
		in wider fv̇r lief: si fragten mere.
,20		er sagt, daz der kv̇nig were
	640	ze Mv̇nlevn vnd dv̇ keiserin:
		,gein Oransch ich gesant bin'.
		,tarst dv ez sagen?' ,ia herre wol!
		min herre der Markgrave sol
,25		die schŏn Alyzen bringen wider.
	645	min frŏwe lit an frŏden nider.
		vnfrŏde mit iamer an ir iaget,
,28		si gesehe Alyzen die maget.
Si. 335,3		ob ir komet mit dem Markys,
		daz bringet v̇ wol lones pris

---

621 dˢ wolfram 4.   nv̇t A, Si.   nach 621 *fünf Leerzeilen* A.   622 .enne A, Wō 4, Si.   626 *nach* 627: A4.   627 Do dˢ 4, Der dv A.   632 Willens A.   treip 4.   633 N-*Lombarde* 4.   maget 4.   634 Wiz A, Mit Si.   636 rehte 4.A,Si.   Leuwun Λ, litvn 4.   637 Dvnalde dez kv̇neges 4, Thynaz der küneginne Λ.   638 Hin wider 4, In widerwart Si.   fv̇r *om.* 4.   fuor si Λ.   641 Oranse 4.   642 Getarst 4.   644 Dv̇ A.   nach 647 *fünf Leerzeilen* A.   649 v̇ch A.   *Ende von* 4.

	650	von dem kv̇nig vnd miner frowen,	f. 179ᵛᵇ
		vnd lat v̇ch da in dienste schowen'.	
		‚ob ir wellet, daz gevallet mir',	
		Mil sprach ‚ez ist gv̊t, daz wir	
		ze Oransche wider keren,	
‚10	655	vnd dem Markys wirde meren.	
		daz git vns eren stv̇re.	
		dv̇ kv̇negin ist so gehv̇re,	
		wir sv̇ln ir bieten ere'.	
		svs wart ein wider kere	
‚15	660	von Fiviánz vnd Milen.	
		die gesellen o̊ch begvnden ilen,	
		der garzvn doch vor in kam.	
		den Markgraven wunder nam,	
		wa von dv̇ vart wider were.	
‚20	665	nv tet im kvnt dv̇ mere	
		der garzvn vnd der kv̇neginne.	
		do Alyze wart der botschaft inne,	
		daz Pynal were komen	
		vnd si dv̇ mere het vernomen,	
‚25	670	daz si ir fro̊wen solte sehen,	
		die keiserin (diz waz geschehen),	
		man bereit si, als man solde.	
‚28		ob ich v̇ sagen wolde,	
	673a	. . . .	
	b	. . . .	
Si. 336,3		in sinem bv̊ch, alse man wol weiz.	
	675	dv̇ kv̇neginne sich hie nv vleiz,	
‚5		wie si nach eren wider sande	
		die maget. waz hvlfe daz ich nande	f. 180ʳᵃ
		vil richeit? wan ez geschach.	
		manig orse man hie verdecket sach,	
	680	vnd von varwe vil richer schilde.	
‚10		die kv̇negin nv̇t bevilde,	
		swaz si dar kost solde legen.	
		nv wart bereit zv̊ den wegen	
		vil wol hie dez keisers kint.	

652 *nach* 653 Λ. Ob ez nu gevellet dir Λ.   661 Min *A*, Ir *Si*.   672 si *Si*.] om. *A*.   673 v̇ch *A*.   *nach* 673 *fünf Leerzeilen A*.

	685	nv hǒrt ǒch, wer die nv sint,
,15		die die maget fv̊rten dan.
		der Markys, alse ich ez han;
		vnd der phallenzgrave von Brvbant;
		vnd der klare Joserant;
	690	vnd der geblv̊met Kybalin,
,20		dez har gap blanch valwen schin;
		Gwigrimanz vnd Gavters
		(der Markys bedarf nv̇t grozzes hers);
		vnd der degen von Tanderna.
	695	die jvngen ritter waren ǒch da,
,25		Fivianz schilt geverte.
		die strazze in nieman werte.
		Karls fride noch da wol schein.
,28		nv wizzent, dv̇ magt reit nv̇t ein.
	699a	....
	b	....
Si. 337,3	700	fv̊rten hie die minneklichen,
		doch enmohte ir kleit sich nv̇t gelichen
,5		Alyzen, der der wunsch hie pflag.
		ein richer phellor vz Kandelag,
		gevar nach blv̊gendes meigen sitten,
	705	dar vz waz kappe vnd rock gesnitten,
		gefvrriert mit phellor von Triant,
,10		manig leist von golde bant,
		da si fv̊rte dv̇ maget an.
		ein pherit wiz alse ein swan,
	710	des man schein rot vnd beidv̇ oren:
		vnd sagt man diz wunder toren,
,15		die wanden, sin enwere niht.
		mit der rǒte het der zagel phliht,
		ein swarzer strich den rvkken teilt
	715	biz vf die man. ǒch waren gemeilt
		mit der varwe der fv̊zze zwen.
,20		swer ez het gesehen gen,

f. 180rb (at line 704)

---

693 *grozer* Si.   694 *nach* 695 *A.*   696 *schiltgeverten* Si.   *nach* 699 *fünf Leerzeilen A.*   702 *wu̇nsche A.*   703 *phelle Si.*   707 *Die manig Si.*   716 *fv̊zzē A.*

der moht baz swimmens iehen
denne zeltens, het ers gesehen.
720 daz reit hie dez wunsches amye.
ich wen, dṽ schŏne Larie
pherit so schŏnes ie gereit,
do Wigoleis mit kraft erstreit
die aventṽr vnd fůrte si dan
725 ze Korntin: diz wil ich lan.
mit dem Markys dṽ dannan kert,
der ir hie frŏde mert
vf dem wege von frŏmden meren.
nv brahten si die valsches leren
730 ze Mṽllevn, da der keiser waz.
nv kamen mer vf den palas,
Alyz dṽ maget keme da.
der keiser sich bereite sa
enphahen sin vil liebes kint.
735 wer die andern ŏch nv sint?
der wart ein vil michel schar.
ze ŏrs *die* sine waren gar
mit dem keiser dvrch enphahen.
do er ir nv kom so nahen,
740 grůz er nv mit frŏden gein ir sprach.
dṽ magt ŏch in do gern sach.
den keiser dez nv wol gezam,
von dem mvnde er ir den slŏger nam,
Alyzen er mit frŏden kvste,
745 dez in dvrch trṽwe wol gelvste.
den Markys er ŏch mit lieb enphie,
Fivianz vnd alle die
mit der meide dar komen waren.
d*ie* sůzze minne klaren,

f. 180ᵛᵃ

---

720 wṽnsches *A*. nach 725 *fünf Leerzeilen A.* 728 mit *Si.* 730 Gen *Si.* 737 si eneben vuoren *Si.* die *om. A.* 749 Dṽ *A.* süezen *Si.*

	750	die schöne maget do selbe *er* zömt –
,28		dv̊ liebi waz im nv̊t getrömt –
Si. 339,3		dvrch die stat vf den palas hin,
		alda si vant die keiserin,
,5		ir mv̊ter, dv̊ ǒch nv gein ir gie,
	755	vnd si mit kvsses grv̊z enphie:
		‚*ei* dvzze bea filgi'.
		als rosen rot vnd lylji
		gelich geteilt waz ir schin.
,10		vro Minne dar warf, daz mv̊st nv sin,
	760	ir minne fv̊r *die* maget enzvnt,
		do si der mv̊ter bot ir mvnt.
		dv̊ liebi ir vil schone vz *ovgen* brach.
		dv̊ keiserin ze dem Markys sprach:
,15		‚ben se venvz, dvze frere!
	765	v̊wer werdekeit sol haben ere,
		die ein werder pris besloz.
		ǒch sagen wir v̊ gnade groz,
		swie vns doch gv̊rtet sippe span,
,20		der werdekeit ir habt getan
	770	vnser zweiger kinde.
		alrerst ich nv trv̊we vinde
		an v̊, vnd daz min herze minnet,
		der trv̊we mich trv̊wen innet,
,25		der liebi mich gantzer liebi went,
	775	min herze sich nah ir lieb*i* sent.
		owe vnd wer si ofte bi mir!
,28		ir lieb ich vil vnsanfte enbir,
Si. 340,3		der si pfliget in maniger wise.
		Tybalt ir wan amyse
,5	780	hat minne sen gesaget schach,
		do er sach dem kyel nach,
		dez gehe im liep vnd minne enphant.
		ir sv̊zzi ziert wol der heiden lant,
		ir schön da wibe schön schönet,

f. 180vb

---

750 Dv̊ *A.*   schœnen *Si.*   er *Si.*] om. *A.*   nach 751 *fünf Leerzeilen A.*   756 Ei *Si.*] E *A.*   757 lylij *A.*   759 wart *Si.*   760 dv̊ *A.*   762 vil schone vz ovgen *Si.*] ǒch schone vil vz *A.*   766 Die ie *Si.*, Dv̊ *A.*   767 v̊ch *A.*   769 die ir *Si.*   772 v̊ch *A.*   775 lieb *A.*   nach 777 *fünf Leerzeilen A.*

‚10	785	wer wibes hŏpt gekrŏnet,	f. 181ʳᵃ
		vf minen eit ich daz wol neme,	
		vnd der so wol dv̇ krone zeme.	
		ob ich ir milte gar vergezze,	
		so hat dv̇ sv̇zze solich gelezze,	
‚15	790	daz kristen wiben gar ist frŏmde.	
		ich wen wol, daz ein klein hŏmde	
		besliezze gantzer liebi hort'.	
		diz waren der kv̇neginne wort,	
		die si gein dem Markgraven sprach.	
‚20	795	dar nach man nv komen sach	
		die jvngen ritterschaft, dv̇ sich	
		entwapent het. dez wert mich	
		dv̇ aventv̇r, da wer nv̇t bit.	
		al nach der Franzoyser sit	
‚25	800	hort man videln vnd harphen spil.	
		ŏch sang da kleiner kinde vil	
		nach dem lande wol sv̇zze tanze.	
‚28		wer der wunsche het Fivianze,	
Si. 341,3		da von dv̇ rede wv̇rde ze lang.	
	805	Fivianz vnd Milen wart ŏch danch	
‚5		geseit vmbe der meide komen.	
		nv wart hie frŏde vil vernomen,	
		gesehen vnd ŏch gehŏrt.	
		daz ze jvngest ein iamer stŏrt	
	810	vnd totlich schriche var.	
‚10		der Markgrave wol ein halbes jar	
		vnd sin ritterschaft in dem lande beleip	f. 181ʳᵇ
		dvrch tvrnieren, biz daz si vertreip	
		ein iamer mit todes var.	
	815	verlornv̇ minne den iaget dar,	
‚15		zorn vnd haz si lie ze rure,	
		dez manigen daht do sterbens mvre.	
		owe daz ich solde ein iamer sagen!	
		werdv̇ wip sv̇ln iemer klagen	

---

786 om. Si.   791 ir Si.   nach 803 *fünf Leerzeilen* A.   810 totlicher Si.   812 Mit den rittern A.   816 ruor : muor Si.   817 manigen Si.] manigˢ A.   818 sol den Si.

	820	der geblv̊meten kristen lip.
,20		alt jvnge, man vnd wip
		dvrch trův̊we sol diser kvmber slizzen.
		ich wen von reiner o̊gen *rizzen*,
		dv̊ herzeleide hat trv̊we gelert;
	825	der erde ir to̊ *sich* habe gemert,
,25		als her Wolfram vns giht.
		owe war vmbe sweig er niht?
		waz wolt er reinv̊ herzen trv̊ben,
,28		sit so vil jamers v̊ben?
Si. 342,3	830	swa si ze tvrnier kamen,
		daz lant si fv̊r sich namen
,5		von Mvnlevn ze Tschartes.
		man bedorf*t* nv̊t dez gartes,
		der si ze ritterschefte tribe,
	835	ich wen, ir deheiner gerne belibe.
		si ahten nv̊t vmbe einen halm
,10		zages tat. diz stv̊nt vf die palm,
		daz blv̊men oster nv heizzet,
		vnd dez meigen komen reizzet f. 181ᵛᵃ
	840	ze lieb der heiden *vnd* dem walde,
		frŏde manigvalde,
,15		vnd er sich den blv̊men teilet.
		dv̊ frŏde vil herzen heilet
		dvrch sin *meilichez* komen.
	845	nv wart hie iamers klage vernomen
		vor dem kv̊nige, der hie saz
,20		vf dem palas, dez herze nv̊t laz
		waz von gantzer tvgent bieten.
		der mv̊z sich nv iamers nieten.
	850	ein botte fv̊r den tisch lief,
		sin hende er hoh ze himel swief
,25		mit manigem rv̊ffe, den er tet.
		klage sich hv̊p nv hie ze stet,
		vnd vil pinliches sorgen.

---

823 rizzen *Si.*] drizzen *A.*   824 Die *A.*   825 to̊ *sich Si.*] towe *A.*
nach 829 *fünf Leerzeilen A.*   830 turnieren *Si.*   833 bedorf *A.*   840 vnd
Si.] vf *A.*   841 Mit fröude *Si.*   842 Vnd *om. Si.*   843 heilt *A.*   844
meilichez *Si.*] manlichez *A.*   850 tische *A.*   851 Die *A.*

,28   855   der künig nv můst fröde borgen,
Si. 343,3   prisliches ilen tůn.
                     ‚wert vch oder haltent sůn!
,5   seht ob vch liebes minne růret!
                     nv hat Tybalt, herre, *her* gefůret
               860   zwelf tvsent kyel wol geladen,
                     vnd giht er welle in iamer baden
                     swelch helt daz bat hab lange versŏmt.
,10   *wer* solher iamer mir getrŏmt,
                     sin mŏhte min herze gedolen niht.
               865   daz mer man allenthalben siht
                     geherbergt zehen mile lang.   *f. 181ᵛᵇ*
                     von den kyelen ist gedrang,
,15   von koken barken tragmvnt.
                     herre, dv warheit ist mir wol kvnt:
               870   von Rivetenet bin ich ṽ gesant.
                     berge tal mer vnd lant
                     ist beherberget also,
,20   daz Franchenrich sin wirt vnfro,
                     Arl Yspani vnd Bvrgonoys.
               875   heidenisch künige vil kvrtoys
                     Tybalt dvrch pris hat her gefůret.
                     Tybalt ist an die lem gerůret:
,25   nv seht vch fvr, ich sage nvt mere'.
                     dannan wart dez botten wider kere.
               880   der Markgrave zů dem botten sprach,
,28   der solher mere im veriach:
              881a   ‚. . . . .
                 b   . . . .
Si. 344,3   herze sere, daz vns wil iagen.
                     vnd verbvt ir pinliches klagen
,5   vnd da zů sorge, ob si die hat.

---

nach 855 *fünf Leerzeilen* A.   856 tvn : svn A.   859 Er sprach der küneg
Thiebalt gefüeret het Λ.   halt A.   her *Si.*] heim A.   863 Wer *Si.*] Der
A.   865 her Λ.   866 Zen herbergen Λ.   867 Uz Λ.   ist groz Λ.   870
Rivetenen A.   vch A, her Λ.   871 tal und alz daz Λ.   873 Daz allez
Λ.   sin *om.* Λ.   881 Der im der mere da Λ.   *nach* 881 *fünf Leerzeilen*
A.   882 [Von dem niuwen sere] / Daz unz nu welle Λ.   883 Si sol han
meseclichez Λ.

885 sag ir, sin werde noch gůt rat:
wir sin hie heim, dez sint si niht.
Tybalt mich schier ze velde siht.
dez getrůwe ich minem kv̈nne wol:
,10   vnser kraft in so enphahen sol,
890 daz wir in minne ergezzen
mit totlichem letzen,
daz iamer wirt iemer mer.
ez hat der kv̈nig Terramer   f. 182ra
,15   vor nv̈t gewunnen hie'.
895 der Markgrave nv die rede lie.
der bot lief dar man in bat.
dem Markys wart gesprochen mat
vf der kv̈negin mit dem alten:
,20   wan daz in die venden valten,
900 so were schach roch alda geseit.
der Markys waz vnverzeit,
vrlǒp er von dem keiser nam
vnd ǒch von ir, als ez wol zam,
,25   vnd von der massenye gar.
905 ,wirde ich der warheit gewar,
herre, so versagt mir helfe niht!'
der keiser sprach ,min herze vergiht
trůwe, dv̈ noch nie misse riet'.
,30   der Markgrave nach dem worte schiet.
910 gein Oransch geriet sin vart
,32   zv̈ der, dv̈ im het bespart
Si. 345,5 die fv̈rsten vnd den emeral.
nv kamen im botten ane zal,
die dem Markys mere sagten,

---

885 Sag Λ,Si., Sagt A.   ez sol werden Λ.   888 minen friunden Λ.   889 also Λ.   896 lief zehant / Da er hin waz gesant Λ.   901.902.904 Der margrave do urlop nam / Zem künege und zer massenie alsam Λ.   905 Er sprach herre wird ich gewar / Der warheit so ich hinnen var Λ.   906 so versag mir herre Λ.   907 sprach daz geshiht Λ.   908 Trůwē A.   nach 911 fünf Leerzeilen A.

,8	915	vnd an trost so gar verzagten.	
,13		do er Oransch kom zv̊,	f. 182rb
		vil botschaft sant er nv	
,15		nah magen frv̇nden vnd man.	
		och kom dv̇ kv̇neginne san	
	920	her abe, da er erbeizzet waz	
		in der bvrg bi dem palas,	
		mit ir frȯ̊wen: den waz frȯ̊de tv̇re.	
,20		zv̊ dem Markys sprach dv̇ gehv̇re:	
		,min herre frv̇nt, wis willekomen!	
	925	alrerst ist nv ze schvlden komen	
		dv̇ rede, der ich dir vor veriach'.	
		mit iamer dv̇ kv̇neginne sprach:	
,25		,owe, sv̈zzer herre min,	
		waz mag vns nv daz beste sin?	
	930	min herze mir *doch* manheit veriach,	
		min herre, do dich min ȯ̊ge sach,	
		vnd dvrch liebe spiegel dich erriet.	
,30	933	minne mir von dir vil lieb *be*schiet'.	

---

nach 915 *fünf Leerzeilen A.*   917 nv̊ *A.*   930 doch *Si.*] do *A.*   931 do ich dich erste *Si.*   932 liebe *Si.*] liebes *A.*   933 beschiet *Si.*] schiet *A.*   *Ende von A. Platz für 13 Zeilen.*

Keine einzige der von SINGER postulierten 34 ‚Fortsetzungs'-Laissen schließt mit Triplet. Sein Fehlen war es wohl, was den Schreiber der Handschrift A gestört und veranlaßt hat, Platz dafür freizulassen. Von Si. 312 bis Si. 325 war das relativ einfach. Der Schreiber brauchte nur nach jeweils 30 gezählten Versen eine Leerzeile einzuschieben. Zweimal hat er sich vertan. Nach Si. 319, 30 fehlt sie und Si. 323 hat bloß 29 Verse: da der letzte ohne Reimpartner ist, würden zwei Zeilen fehlen; vorgesehen ist nur eine. Außerdem gibt es in SINGERs Strophe 320 hinter v. 12 eine überflüssige dreizeilige Lücke, für die er keine Erklärung gewußt hat.

In der Regel ist der inhaltliche und syntaktische Anschluß zwischen den Versen vor und nach der postulierten Lücke vortrefflich. Ohne den optischen Trick mit der Leerzeile und SINGERs unterstützende Interpretation würde niemand etwas vermissen. Fünfmal schließt die angenommene Laisse mit Punkt; achtmal setzt sich die syntaktische Periode des Schlusses der vorhergehenden im Anfang der nächsten Laisse fort. So häufiges Strophen-Enjambement wäre ungewöhnlich und ist im ‚Arabel'-Text nicht zu beobachten. Anderseits ist seltenerer Zusammenfall von Satz- und Reimpaarende bei fortlaufenden Reimpaaren geboten und zu erwarten.

Daß SINGER in allen fünf Fällen, wo wir Punkt gesetzt haben, keinen hat, ist die Konsequenz seiner Entstehungshypothese und braucht uns nicht zu stören. Die Satzschlüsse sind überall frag- und tadellos:

*F 53/54 = Si. 313,30/314,1
(ir pant von liehtem gesteine) / oben, ze tal vergv̊ldet reine. / der kv̇nig dv̇ kleinot wol besach
*F 265/266 = Si. 320,32/321,1
man moht si nv in fro̊den scho̊wen. / nv waren si von leide komen
*F 295/296 = Si. 321,30/322,1
svs schiet sich grevin Irmentschart. / sie fv̊ren heim gen Naribon
*F 325/326 = Si. 322,30/323,1
(der Markys sant in mit eren dan,) / do daz vrlo̊p waz ergan. / mit vil richeit daz ergie
*F 354/355 = Si. 323,29/324,1
(nv fvnden si kalenden vnd kiel) / in der habe, gesinde gesvnt. / svs fv̊rens heim, dise kerten dan.

Daß hinter v. 354 wegen des fehlenden Reimpartners tatsächlich etwas ausgefallen sein muß, berührt den Satzschluß nach *gesvnt* nicht.

Soweit der syntaktische Zusammenhang zwischen vermeintlichem Laissen-Schluß und -Anfang eine Lücke nicht ausschließt, läßt er einen sie füllenden Zusatz mindestens überflüssig erscheinen:

*F 23/24 = Si. 312,30/313,1
nv kom der bv̊rkgrave sa, / mit im dv̇ bv̊rkgrevin sin wip
*F 83/84 = Si. 314,30/315,1
der Markys do dem kv̇nege swůr, / daz helt nie wv̇rde so vnverzaget
*F 113/114 = Si. 315,30/316,1
von dem mv̊st vngemv̇t wilden, / swem si dvrch minne buten sich
*F 143/144 = Si. 316,30/317,1
sv̊zzv̇, nv enzwifelt niht, / wir wellen v̇ gebvnden sin
*F 173/174 = Si. 317,30/318,1
vntete flv̇z ist vngefv̊rtet / uon im, daz er dvrch kranch in sv̊che
*F 233/234 = Si. 319,30/320,1
vil dicke von in gesehen wart / bedenthalp, doch rittens hin
*F 384/385 = Si. 324,30/325,1
den Kybv̊rg so in frȯden siten / enphie, als ez ir tvgenden zam.

Dieser Fall ist besonders aufschlußreich, weil der Schreiber von A hier versucht hat, v. 384 aus der syntaktischen Verknüpfung mit v. 385 zu lösen: er beginnt in A mit *Gen* statt *Den*, das SINGER als ursprünglich in seinen Text gesetzt hat. Wenn die projektierte Strophe wie bei ihm schließt:

324,28 *nu kam der grave Arnalt*
        ze Orangse durch kurzwil geriten
        gen Kyburg so in fröuden siten,

hängt der Anfang von Si. 325 in der Luft: er muß aber nicht.

Etwas problematischer erscheinen die überlieferten Verse
*F 203/204 = Si. 318,30/319,1
der keiser von Kybv̊rge schiet, / biz si vf das pferit gesaz.

SEEMÜLLER, den SINGERS Rekonstruktion prinzipiell überzeugt hat, schlug als fehlenden Dreireim *sin zuht ze biten im geriet* vor (l.c. S. 460). Es bedarf jedoch keines Zusatzverses, die Heilung der crux ist einfacher. Der Schreiber von A hat in v. 203 – absichtlich oder unabsichtlich – *nv̇t* ausgelassen.

Mit *F 391 = Si. 325,7 setzt Fragment Nr. 4, mit *F 446 = Si. 327,10 Fragment Nr. 2 ein, beide mit fortlaufenden Reimpaarversen. Die Fragmente sind untereinander näher verwandt und von A unabhängig. Bis zum Ende von Nr. 4 bei *F 649 = Si. 335,4 (Nr. 2 bricht schon bei *F 614 = Si. 333,21 ab) müßte eine mit A gemeinsame Vorlage erschließbar sein, und es darf gefragt werden, wie sie ausgesehen hat, ob sie SINGERS und SEEMÜLLERS Hypothesen entsprochen und strophische Gliederung vorgesehen haben kann, die in den Fragmenten Nr. 4 und Nr. 2 nachträglich in Reimpaare umgewandelt wäre, oder ob sie – wahrscheinlicher – fortlaufende Reimpaare aufwies, die erst der Schreiber von A den ‚Arabel'-Laissen anzugleichen versucht hätte.

Von den beiden fragmentarischen Handschriften besitzen wir auch Reste aus dem eigentlichen ‚Arabel'-Text: zu Nr. 4: Versanfänge bzw. Versschlüsse von *A 101,13 – 102,24. 108,11 – 109,22. 142,24 – 144,4. 149,22 – 151,2 (mir nicht zugänglich); Versschlüsse von *A 168,28 – 170,4; *A 170,5 – 172,28; Versanfänge von *A 172,29 – 174,11; – zu Nr. 2: *A 272,21 – 278,4. Sie bieten, soweit ich es überprüfen konnte, einwandfreie Laissen mit Lombarde am Beginn und Triplet am Schluß. In Nr. 2 fehlt zwar der Vers *A 276,31, und Vers *A 277,1 hat keine Lombarde; in Nr. 4 fehlt diese in Vers *A 174,1, aber das sind geringfügige Versehen, wie sie auch in guten Handschriften begegnen. Wenn die Vorlage der Fragmente Nr. 4 und Nr. 2 für die ‚Fortsetzung' dieselbe Einteilung besessen oder projektiert gehabt hätte, wäre nicht einzusehen, warum die Schreiber sie nicht auch in diesem Teil unangetastet gelassen haben sollten.

Ich erörtere die von SINGER angesetzten defekten Strophenübergänge für die doppelt und dreifach bezeugte Textpartie der Reihe nach. Die syntaktischen Anschlüsse sind in der Mehrzahl hervorragend, sofern man nicht blind dem verderbten Text in A vertraut.

*F 414/415 = Si. 325,30/326,5

dv̊ kv̊neginne dez niht enlie, / si tete nach zv̊chten schin

A hat als Vers *F 415 = Si. 326,5 stattdessen *-n einz moht wol sin,* womit SINGER seine Lücke bestreitet.

*F 440/441 = Si. 326,30/327,5

an dirre rede lie si niht von, / ,daz ich in wil dez bringen inne, / (ob ich in von herzen minne')

A hat in Vers *F 440 = Si. 326,30 *si* ausgelassen, wodurch er bei SINGER unverständlich wird.

*F 466/467 = Si. 327,30/328,5

der Markgrave sprach ,brv̊der, ich wil / hvndert ritter ich machen wil'

Das sieht aus wie eine constructio ἀπὸ κοινοῦ und ist als solche nicht zu beanstanden.

*F 492–494 = Si. 328,30/329,6

o̊ch sach man vil so̊mer tragen, / beide karren vnd wagen. / nv hv̊p sich manger hande spil

Vers *F 493 fehlt in A, und es sind bloß fünf Zeilen leer gelassen, während SINGER sechs benötigt und ansetzt. Problematisch, weil singulär, ist der Dreireim in den beiden Fragmenten Nr. 4 und Nr. 2. Der Vers *F 493 wäre leicht zu entbehren. Falls er ursprünglich ist, könnte die Ergänzung zum Reimpaar ausgefallen sein. Auch Vers *F 495 ist in A nicht vorhanden, ein Allerwelts-Flickvers, wie es sie nicht allein in der ‚Fortsetzung', sondern in der ‚Arabel' ebenfalls gibt. Zum Überfluß haben beide Fragmente bei v. 494 eine (seltene) Lombarde. Vielleicht hängen Ergänzung, Umstellung und Dreireim an dieser Stelle mit dem beabsichtigten Abschnittsanfang zusammen. Vor einer weiteren *N*-Lombarde bei Vers *F 633 = Si. 334,14 hat der Schreiber von Nr. 4, sicher fehlerhaft, ein Triplet fabriziert, indem er das Reimwort von *F 632 *ieit* durch *treip* ersetzte. Das könnte allerdings auch versehentlich aus *F 631 wiederholt sein. Der folgende, nun reimlose Vers *F 633 hat bei ihm *maget* statt *meit*, so daß in *F 632 *iaget* gestanden haben müßte.

*F 519/520 = Si. 329,30/330,5

ŏch kvnden alle ir frŏwen nu / den gesten schaffen gŭt gemach

So steht es mit vortrefflichem Anschluß in Nr. 2. A hat *schŏffen* und Nr. 4 *man schŏf*. Der Überlieferungsbefund scheint für ursprüngliches *schŏffen* mit Sinnlücke zu sprechen, die in Nr. 2 geschickt und in Nr. 4 weniger geschickt überbrückt worden wäre. SINGER, der *schŏffen* in seinen Text genommen hat, muß ihn so beurteilt haben. Die Möglichkeit ist nicht zu leugnen. Jedoch, was für ein Stümper müßte da am Werk gewesen sein! Mit der Vorausdeutung, wie gefährdet sie war (*F 518), ist die vorher beschriebene Festfreude doch wohl am Ende, und es muß nur noch für die Nachtruhe der Gäste gesorgt werden. Dafür reichen, da der Erzähler mit *F 521 bereits bei der Morgenmesse ist, die Verse *F 519/520. Was wollte er noch groß zwischen sie schieben, wenn es der konzipierende Dichter war. Die Manipulation sieht eher nach einem abzählenden Schreiber aus, der den einfachen Satz spaltete und die zweite Hälfte vorsorglich mit einem finiten Verb ausstattete.

*F 545/546 = Si. 330,30/331,5

ob sich die nv bereiten wellen? / ja, vil wapen rocke vnd richer decke

Die Verknüpfung ist hier durch das in A und von SINGER ausgelassene *ja* hergestellt.

*F 571/572 = Si. 331,30/332,5

(von der ritterschaft wart gedrank,) / do man nv die messe gesang. / dar nach segent man in dv̇ swert

Um eine syntaktische Lücke zu gewinnen, hat SINGER *F 570 = Si. 331,29 durch Punkt geschlossen. Der Schwertsegen folgt unmittelbar nach der Messe: es fehlt auch inhaltlich nichts.

*F 595/596 = Si. 332,28/333,3

her Wolfram hat ez ergrṿndet, / wie der Markys minne kŏfte, / (daz manigen von dem leben slŏfte)

Das Thema von Wolframs Roman: Willehalms und Arabel-Gyburgs Liebe und ihre weltgeschichtlichen Folgen ist in den Versen *F 596f. präzise angegeben. Was sollte er sonst noch *ergrṿndet* haben, das fünf Zeilen brauchte? In A sind Satz und Aussage ebenso dilettantisch wie barbarisch zerrissen.

*F 621/622 = Si. 333,28/334,3

nv hat her Wolfram nieman genant / denne den klaren Fivianz, / (den er vant vf Alischantz)

,*ich enkan dir niht gesagen*', berichtet der in der ersten Schlacht vernichtend geschlagene Markgraf seiner Frau Gyburg, ,*von ir ieslîches sunder nôt. /berlich Vivianz ist tôt*' (W 93,26–28). Wie sich da in Wolframs Darstellung die ganze Furchtbarkeit der Niederlage für Willehalm im heldischen Sterben des jungen Neffen konzentriert, darauf wird hier vorausgedeutet. Auch dieser dichte Satz ist in A durch ein Fünf-Zeilen-Loch auseinander gerissen und *nieman* durch *nv̊t* ersetzt. SINGER hat für möglich gehalten, daß es der Autor war.

*F 647/648 = Si. 334,28/335,3

(vnfröde mit iamer an ir iaget,) / si gesehe Alyzen die maget. / ob ir komet mit dem Markys, / (daz bringet v̊ wol lones pris)

Schwer zu begreifen, warum SINGER nicht hinter *maget* einen Punkt gesetzt hat. Der königliche Bote wiederholt akkurat seinen Auftrag: kein Wort zu wenig.

Von jetzt ab sind wir wieder auf A allein angewiesen, und es ist schwerer nachzuweisen, daß ihr Schreiber es war, der verdorben hat und was.

Zwischen *F 673 = Si. 335,28 *ob ich v̊ sagen wolde* und *F 674 = Si. 336,3 *in sinem bv̊ch, alse man wol weiz* fehlt wirklich etwas, mindestens ein Reimpaar.

Und zwischen *F 699 = Si. 336,28 *nv wizzent, dv̊ magt reit nv̊t ein* und *F 700 = Si. 337,3 *fv̊rten hie die minneklichen* ebenfalls.

*F 725/726 = Si. 337,28/338,3

(do Wigoleis mit kraft erstreit / die aventv̊r vnd fv̊rte si dan) / ze Korntin: diz wil ich lan. / mit dem Markys dv̊ dannan kert

Hinter Vers *F 725, der die ‚Wigalois'-Reminiszenz abschließt, gehört ein Punkt. *F 726 setzt den Bericht von Alyzes Rückkehr an den Hof unter dem Geleit des Markgrafen fort.

*F 751/752 = Si. 338,28/339,3

(die schöne maget do selbe er zömt -) / dv̊ liebi waz im nv̊t getrömt – /dvrch die stat vf den palas hin

ist ohne Tadel, sofern man Vers *F 751 in Parenthese setzt.

*F 777/778 = Si. 339,28/340,3

ir lieb ich vil vnsanfte enbir, / der si pfliget in maniger wise

Der Relativsatz ist direkte Ergänzung zu *ir lieb*, Arabels von der Kaiserin ungern entbehrter Freundlichkeit.

*F 803/804 = Si. 340,28/341,3

wer der wünsche het Fivianze, / da von dv̊ rede würde ze lang

Da der Erzähler von dem Interesse, das Vivianz am Hof findet, erklärtermaßen nicht berichten will, ist der in A dafür frei gelassene Platz völlig überflüssig.

*F 829/830 = Si. 341,28/342,3

(waz wolt er reinv̊ herzen trv̊ben,) / sit so vil jamers v̊hen? / swa si ze turnier kamen,

Die Invektive gegen Wolfram schließt mit Vers *F 829, der in die rhetorische Frage einzubeziehen ist. Dann geht es weiter mit Turnieren, bis der Unglücksbote kommt.

*F 855/856 = Si. 342,28/343,3

der kv̊nig nv mv̊st fröde borgen, / prisliches ilen tv̊n

Eine zutreffende Beschreibung der neuen Lage: kein Grund mehr zu *hoves vreude*, Eile tut not zur Abwehr der sarazenischen Invasion.

Dem in *F 880 angekündigten Auftrag des Markgrafen für den Boten, *der solher mere im veriach* (*F 881 = Si. 343,28) fehlt der Anfang: *F 882 = Si. 344,3 setzt mit *herze sere, daz vns wil iagen* mittendrin ein.

*F 911/912 = Si. 344,32/345,5

(gein Oransch geriet sin vart) / zv̊ der, dv̊ im het bespart / die fv̊rsten vnd den emeral

ist syntaktisch ohne Anstoß, doch bleibt unklar, worauf sich der Relativsatz inhaltlich bezieht.

Nach *F 915 = Si. 345,8 hat A eine fünfzeilige Lücke sogar mitten in einer postulierten Strophe. Unterzubringen wären hier aus Reimgründen aber allenfalls vier Zeilen. Benötigt wird keine, denn nach *vnd an trost so gar verzagten* ist klärlich ein Punkt zu setzen. Eine Schreckensnachricht jagt die andere. Mit dem Eintreffen des Markgrafen in Oransche: *do er Oransch kom zv̊* (*F 916 = Si. 345,13) beginnen dann die Vorbereitungen zur Abwehrschlacht. Davor braucht nichts zu fehlen.

Fazit: die meisten Lücken in A sind unter syntaktischem wie unter inhaltlichem Aspekt unnötig, oftmals gewaltsam, und das heißt künstlich und nachträglich.

SINGERS richtige Rechnung ist nicht des Dichters, sondern des Schreibers von A. Dichter zählen nicht, obwohl man es ihnen in den letzten Dezennien vielfach auf leichtfertige und leicht zu widerlegende Weise unterstellt hat. Wenn und wo sie es wirklich einmal getan haben, spricht es eher gegen sie. Zählen und Rechnen ist das Geschäft von Abschreibern. Wolfram hat auf solche Schreibertugend gebaut, als er seine großen Romane – den ‚Parzival‘ z. T. erst nachträglich, den ‚Willehalm‘ von Anfang an – mechanisch in Dreißigerabschnitte gegliedert hat: genug für eine Spalte und auch, wo die nicht auf dreißig Zeilen bemessen ist, eine leicht kontrollierbare Größe. Er gedachte so dem Verlust von Text vorzubeugen, im großen ganzen mit Erfolg.

Sinntragende und formkünstlerische Einheiten waren diese Dreißiger in seinen Augen kaum, wiewohl sie es in denen der Schreiber mehr und mehr geworden sind.

Bei Ulrich von dem Türlin, der dem Meister darin nachgefolgt ist, sind sie es – schon wegen der abschließenden Dreireimgruppe – weit mehr. Jedoch, so bescheiden sein poetisches Vermögen war, wer ihn so zählend komponieren läßt wie SINGER, mit vorberechneten Lücken am Schluß und am Anfang einer projektierten Laisse, tut ihm Unrecht. Die versuchte und kläglich gescheiterte Umwandlung der nach dem Zeugnis der Fragmente Nr. 4 und Nr. 2 ursprünglich in Reimpaaren abgefaßten ‚Fortsetzung' in Einunddreißiger-Laissen zwecks Angleichung an Ulrichs ‚Arabel', der mit der von ihm gewählten Form keine besondere Mühe gehabt zu haben scheint, ist aller Wahrscheinlichkeit nach erst das Werk des Schreibers von A.

Daß Ulrich selbst auch die ‚Fortsetzung' gedichtet habe, wie schon SUCHIER angenommen hatte, würde dann sogar eher glaubhaft, wenn man ihn nicht mehr mit der ihm zugemuteten unkünstlerischen Schaffensweise belasten müßte. Wahrscheinlich ist es mir gleichwohl nicht. Warum sollte er zuvor bei *A 312,10 abgebrochen und bei der Wiederaufnahme plötzlich mit der von ihm kreierten Laissenform Schwierigkeiten bekommen haben, so daß er zu Reimpaaren gegriffen hat? Stilistische und erzähltechnische Gemeinsamkeiten, auf die SUCHIER und SINGER die Verfassereinheit gestützt haben, besagen nicht viel bei einem wenig selbständigen Epigonen, der keinen neuen Inhalt gegenüber Wolframs ‚Willehalm' bietet und ihn stilistisch auf Schritt und Tritt geplündert und nachzuahmen versucht hat. Der Redaktor der *R-Version ist seinem Beispiel gefolgt, und das hätte auch ein anderer gekonnt.

VII
Die Mischhandschrift C

Die bei SINGER in letzter Instanz zum Kronzeugen seiner Textgeschichte avancierte Kölner Handschrift Hist. Archiv W 355 (C = Si. *g*) gehört erst dem späteren 15. Jahrhundert an. Sie ist wie B H V Ka W Wo E vom dreigliedrigen Typus, aus ‚Arabel' (C) + ‚Willehalm' (C) + ‚Rennewart' (Z^k) bestehend. HÜBNER hat sie bei der Konstituierung seines ‚Rennewart'-Textes unberücksichtigt gelassen. In der ‚Willehalm'-Überlieferung ist sie, wie SCHANZE[27] nachgewiesen hat, eine Mischhandschrift auf der Basis des Hyparchetypus β bzw. δ, aber mit Benutzung einer Handschrift des originären α-Zweiges. Eben dies, „Mischung der beiden frühern Bearbeitungen" (Einleitung S. X), hatte SINGER ursprünglich auch für ihren ‚Arabel'-Text angenommen, später jedoch verworfen, weil „eine derartige intime Mischung zweier Bearbeitungen, die sich auf einzelne Worte im gleichen Verse erstreckt, kaum denkbar wäre, kaum erklärbar vor allem der Grund, weshalb sie mit so vieler Mühe, die Tendenz, mit der sie just auf diese oder jene Weise vorgenommen worden sei". Allzu „wunderbar" erschien ihm, daß C „durch Zufall gerade allen jenen Stellen, die die specielle Tendenz von *B (i. e. *R) verraten, das Gedicht Ulrichs mit Wolfram in nähere Übereinstimmung zu bringen, aus dem Wege gegangen wäre" (Einleitung S. X).

Das zielt auf das eine ausdrückliche Bearbeitungsmotiv in *R, die Beseitigung des Widerspruchs zwischen Heimrichs Hochzeit in Pavia nach der Bestrafung der Römer für die Blendung des Papstes Leo und Willehalms Teilnahme an und Verwundung auf eben diesem Romzug. Der inhaltlichen Korrektur dienenden Verse *R 9, 24 – 11,14. 11,18 – 12,10 fehlen tatsächlich in C, aber sie waren auch nicht vonnöten, weil kein Irrtum zu berichten war. C hat die ganze Episode *von waz geschihte daz ergie / daz si dem grauen wart ze wibe* (*R 9,22f. = *A 12,22f.) ausgelassen. Der Schreiber bricht die Vorstellung Irmenscharts mit den – in *R 9,16f. und *A 12,16f. gleichlautenden – Versen (f.2^{vab}):

---

[27] Die Überlieferung von Wolframs Willehalm (Medium Aevum 7), München 1966, besonders S. 80–89.

> *die euenture van in beiden giet,*
> *dat in die lieff beide begurt*

ab und fügt zwei eigene hinzu (f.2vb):

> *die eyne neit die ander sturt:*
> *sus was da geyn verdries*

Damit hat er den nötigen Reim für den einzigen aus dieser Partie beibehaltenen Vers *R 9,20 = *A 12,20:

> *die greiffynne Yrmgart hies*

Und daran schließt er gleich die Siebenzahl der Söhne nach *R 15, 19f. = *A 16,5f.

> *der greue was ir vreuden weide,*
> *sieuen sone hadden si beide*

und die Begründung für ihre Enterbung zugunsten eines Patenkindes Heimrichs, dessen Vater für ihn gefallen war.

Die von SINGER (Einleitung S. LXXVII) angeführten Wolfram-Anklänge in *R gehören sämtlich dieser beide Versionen betreffenden Auslassung in C an. Als Beweisstück bleibt dann nur die Nichtberücksichtigung des Wolfram verpflichteten Einschubs *R 5,11–14. Aber der war so augenfällig und ungeschickt, daß sich seine Eliminierung, wenn man sowieso kürzen wollte, geradezu aufdrängte. Immerhin der dadurch wieder zusammengerückte Satz lautet in C wie in *A.

Dafür teilt C sowohl die beiden Zusatz-Reimpaare in der ersten Laisse wie den veränderten Schluß der dritten und Anfang der vierten mit *R.

*R 1,7–10 lauten in C (f.1ra):

> *mit den wir alle eruallen sijn.*
> *vader sun, do helpe schijn,*
> *Jhesu (by namen dich erkynne*
> *Crist) durch help ich dich nenne.*

Obwohl sie den 31er-Rahmen sprengen, mußte SINGER sie, weil durch *R und C bezeugt, folgerichtig seiner ‚ältesten Fassung' zuweisen und diese mit einer 35er-Laisse beginnen lassen. Ein Dichter, der Strophen von 31 Versen zu seinem formalen Programm erkoren hat, wird nicht gleich mit einer Regelwidrigkeit anfangen. Der Redaktor durfte sie sich eher erlauben.

Was die einschneidende Umgestaltung des Schlusses von Laisse 3 und des Anfangs von Laisse 4 angeht, war oben zu zeigen, daß sie den Text von *A voraussetzt. C stimmt zu *R (f. 1va):

> 3,31 *Dat ich mois kunst zeygen*
> *die lange myn hertz wil eigen*
> *dogentlich hait verborgen*

34 *in dogentlichen sorgen*
4,1 *hain ich kunst die zoune sich*
     durch reyne hertz weis ich
     dis buichs recht angange

Von Verderbnissen abgesehen, fehlt nur Vers *R 3,35. Dafür ist zwischen *R 3,30 und *R 3,31 der Vers

dat loin neit na dienst wigt

geschoben, der einen Dreireimschluß für die dritte Laisse ergibt, weswegen *R 3,31 in C mit Lombarde versehen ist und als Laissenanfang verstanden sein will. In dem Zusatzvers, der mit

*A 3,31 *wie sich min wan gen zwivel wiget*

das Reimwort gemeinsam hat, hat SINGER den ursprünglichen Strophenschluß sehen wollen, und er hat *R 3,31–35 für „eine kleine 5zeilige Strophe" (Einleitung S. XI) der ‚ältesten Fassung' erklärt – eine offenkundige Notlösung.

Daß C in dieser Partie hauptsächlich auf *R beruht, ist deutlich, doch hat sie den Dreireimschluß an der ursprünglichen Stelle wie in *A. Der selbstverfertigte Zusatzvers klingt an *A 3,29 = *R 3,29 *der nah dienste nv dv werlde pfliget* = *die na dienst der werelt pligt* C an. Er sichert den Dreireim, verhindert aber den syntaktischen Anschluß des aus *R übernommenen Verses 3,31 an 3,30. Es erscheint überhaupt fraglich, ob der Schreiber verstand, was er schrieb. Das kühne Enjambement in *R 3,32f. (nach *A 4,2f.) *vil eigen / lichen* ist zu *wil eigen / dogentlich* (Vorwegnahme aus *R 3,34) entstellt und hat den Relativsatz nahezu unverständlich gemacht.

Daß ein mittelalterlicher Schreiber, der in seiner Vorlage etwas nicht lesen konnte oder sonst Verständnis-Schwierigkeiten hatte, sich um eine zweite bemühte, ist zwar keineswegs die Regel, es kommt aber vor, besonders wenn am Ort der Arbeit zwei Handschriften des gleichen Textes vorhanden waren. Für die ‚Willehalm'-Handschrift C vom gleichen Schreiber muß außer der Hauptvorlage eine Nebenvorlage herangezogen worden sein. Die Ignorierung des neuen Triplets *R 3,33–35, seine Rückverlegung und Wiederherstellung am alten Ort wecken den Verdacht, daß es bei der Herstellung von ‚Arabel' C genauso war.

Die Mischung von *R- und *A-Abkömmlingen muß allerdings schon auf einer Vorstufe von C erfolgt sein, weil das ihr nächstverwandte Tambacher Fragment Nr. 16 (= Si. τ) aus einer ebenfalls dreigliedrigen Handschrift, von der auch Reste des ‚Willehalm' (Fragment 45) und des ‚Rennewart' (E) erhalten sind, gut ein Jahrhundert älter ist als C. Auch das unvermittelte Abbrechen des ‚Arabel'-Textes bei *R 192,17 = *A 187,17 – noch vor dem Aufbruch der Flüchtigen von der Insel Montanar – ist nicht die Schuld ihres Schreibers: der

Rest fehlte schon in der Vorlage *C. Das überlieferungs- und textkritische Problem wird damit nur um eine (oder mehrere) Stufen hinaufgerückt.

Weder die Erweiterung von Laisse 1 noch die Umdichtung von Ulrichs Bekenntnis zu seinem dichterischen Beruf werden durch die Übereinstimmung von *R und *C für den Autor gesichert. Im Gegenteil, sie verstoßen beide gegen sein strophisches Formideal und sind im Grunde überflüssige Wiederholungen, welche zur Aussage nichts hinzufügen und sie nicht klarer machen. Es sind Neuerungen von *R, und sie setzen die *A-Version voraus.

Damit wird die *C zugeschriebene Schlüsselstellung hinfällig. SINGERS ursprüngliche Annahme von Vorlagen-Mischung war richtig, die einzig mögliche Erklärung. C behält als Mischhandschrift eine Sonderstellung. Sie stammt von *R (hauptsächlich) und von *A ab und kann gegebenenfalls für die eine oder die andere Version zeugen. Von der mit ihrer Hilfe zwar nicht rekonstruierten, wohl aber für rekonstruierbar gehaltenen ‚ältesten Fassung' SINGERS (*O) gilt es Abschied zu nehmen. Sie hat so niemals existiert.

SINGER glaubte sie überall dort zu fassen, wo entweder AC gegen *R oder *RC gegen A zusammenstanden. Wieviel Wert er C (= Si. g) zuerkannt hat, ist daran zu ermessen, daß er im Apparat nicht bloß angegeben hat, „wo g vom Texte abweicht, sondern auch wo es die Abweichung einer der beiden Recensionen nicht theilt" (Einleitung S. LXXXVIII). Daß diese Handschrift bald zur einen, bald zur anderen stimmt, zeugt nicht für Ursprünglichkeit einer Lesart, sondern für Kontamination.

VIII
Schlußfolgerungen

Wir besitzen die ‚Arabel' Ulrichs von dem Türlin vollständig nur in der Heidelberger Handschrift cpg 395. Die ist eine fehlerhafte Abschrift und partienweise durch Fragmente der gleichen Version kontrollierbar und korrigierbar. Ihre Fehler sind solche des Schreibers, nicht des Autors. Daß dieser für eine zweite von ihm bearbeitete Auflage seines Werkes eine fehlerhafte Abschrift des Originals benutzt und zahlreiche Fehler unbemerkt oder unbeanstandet in seine Ausgabe letzter Hand übernommen haben soll, war eine verzweifelte Folgerung aus einer falschen Entstehungstheorie. Der Zweifel an seiner logischen und ästhetischen Urteilskraft war unbegründet, trifft ihn nicht.

Das Werk sollte von Anfang an König Ottokar II. von Böhmen gewidmet sein. Ob es ihm auch überreicht worden ist, bleibt ungewiß, weil der Roman in Laissenform nur bis *A 312,10 reicht und von Ulrich anscheinend unfertig hinterlassen worden ist.

Er ist in dieser Gestalt sehr bald von einem Redaktor bearbeitet worden, der sich an einer inhaltlichen Unstimmigkeit störte, auch sonst in den Text eingegriffen und ihn durch Zudichtungen vermehrt hat, aber nicht über die Abbruchstelle *A 312,10 = *R 317,10 hinaus. In dieser Bearbeitung vor allem ist der Roman verbreitet und gelesen worden, meist im Rahmen der in großen Prachthandschriften vereinigten Willehalm-Trilogie aus ‚Arabel' + ‚Willehalm' + ‚Rennewart'. Die Widmung an den Böhmenkönig fehlt dieser Version. Der Redaktor hat die beiden Laissen mit Akrostichon um die Dedikationsverse verkürzt.

Die Handschriften der *A-Version enthalten eine ‚Fortsetzung', die in A an den ‚Arabel'-Torso angeschweißt ist. Sie stammt wahrscheinlich nicht von Ulrich, vor allem deshalb, weil sie aus fortlaufenden Reimpaaren besteht. Die in der Heidelberger Handschrift mittels Leerzeilen projektierten Laissen sind Schreiberwerk.

Die Recension *C ist eine Kontamination auf der Grundlage einer *R- und unter Heranziehung einer *A-Handschrift. Für die Rückgewinnung des ursprünglichen Textes von *R sowohl wie von *A ist sie ohne Belang.

Ein kritischer Text von *R ist möglich. Wo die relativ breite Überlieferung auseinander geht, wird in der Regel *A den Ausschlag für die eine oder andere Seite geben können, soweit es sich um beiden Versionen gemeinsamen Text handelt.

Für die *A-Version, und das heißt Ulrichs eigenen Text, kommt man nicht weit hinter die Heidelberger Handschrift A zurück.

Die ‚Fortsetzung' ist allenfalls dort in ihrer ursprünglichen Gestalt erkennbar, wo wir über drei Textzeugen verfügen. Über die hier vorgelegte Edition wird daher kaum hinauszukommen sein.

Die Überlegungen der Prolegomena haben sich nur auf eine Reihe von neuralgischen Punkten, richtiger Zonen der ‚Arabel'-Überlieferung erstreckt. Die Ergebnisse sind demzufolge als vorläufig anzusehen. Falls sie sich an Hand des gesamten Textes unter Berücksichtigung aller handschriftlichen Zeugen untermauern und bestätigen lassen, wären daraus editorische Konsequenzen zu ziehen: die gesonderte bzw. parallele Edition der Versionen *A und *R.

ABHANDLUNGEN DER AKADEMIE DER WISSENSCHAFTEN UND DER LITERATUR

GEISTES- UND SOZIALWISSENSCHAFTLICHE KLASSE

Jahrgang 1971

1. *Hans Blumenberg*, Pseudoplatonismen in der Naturwissenschaft der frühen Neuzeit. 34 S., DM 8,-
2. *Woldo F. McNeir*, Shakespeare's *Julius Caesar:* A Tragedy without a Hero. 18 S., DM 4,80
3. *Alexander Sideras*, Textkritische Beiträge zur Schrift des Rufus von Ephesos *De renum et vesicae morbis.* 56 S., DM 12,-
4. *Hermann Tränkle*, Cato in der vierten und fünften Dekade des Livius. 29 S., DM 7,50
5. *Hans Ulrich Instinsky*, Der spätrömische Silberschatzfund von Kaiseraugst. 18 S., 3 Tafeln, DM 6,80
6. *Eckhard Lefèvre*, Das Prooemium der Argonautica des Valerius Flaccus. Ein Beitrag zur Typik epischer Prooemien der römischen Kaiserzeit. 66 S., DM 14,-
7. *Werner Thomas*, Bilinguale Udānavarga-Texte der Sammlung Hoernle. 43 S., DM 13,
8. *Wido Hempel*, Philipp II. und der Escorial in der italienischen Literatur des Cinquecento. 108 S., Dm 22,-
9. *Karl Bischoff*, Der Tie. I. 35 S., 2 Abb., DM 9,40
10. *Ernst Benz*, Der Philosoph von Sans-Souci im Urteil der Theologie und Philosophie seiner Zeit (Oetinger, Tersteegen, Mendelssohn). 133 S., DM 28,-
11. *Willi Flemming*, Die Gestaltung der liturgischen Osterfeier in Deutschland. 43 S., DM 11,-
12. *Nikolaus Himmelmann*, Winckelmanns Hermeneutik, 22 S., 14 Abb., DM 7,50
13. *Nikolaus Himmelmann*, Archäologisches zum Problem der griechischen Sklaverei. 49 S., 72 Abb., DM 16,-
14. *Wolfram Eberhard*, Chinesische Träume und ihre Deutung. 60 S., DM 14,-

Jahrgang 1972

1. *Karl Erich Born*, Die Entwicklung der Banknote vom „Zettel" zum gesetzlichen Zahlungsmittel. 21 S., DM 4,80
2. Herbert von Einem, Giorgione. Der Maler als Dichter. 29 S., mit 1 Tafel, DM 5,80
3. *Hans Heinrich Eggebrecht*, Zur Geschichte der Beethoven-Rezeption. Beethoven 1970. 86 S., DM 18,-
4. *Hans Diller* und *Fritz Schalk*, Studien zur Periodisierung und zum Epochebegriff. 38 S., DM 11,40
5. *Karl Deichgräber*, Der letzte Gesang der Ilias. 128 S., DM 28,-
6. *Hellfried Dahlmann*, Bemerkungen zu Seneca, De Vita Beata. 29 S., DM 6,20
7. *Karl Bischoff*, Der Tie. II. 42 S., DM 9,60
8. *Horst Oppel*, Die Suche nach Gott in der amerikanischen Literatur der Gegenwart. 67 S., DM 16,-
9. *Wolfgang P. Schmid*, Die pragmatische Komponente in der Grammatik. 20 S., DM 4,80
10. *Wilhelm Rau*, Töpferei und Tongeschirr im vedischen Indien. 72 S., DM 18,-
11. *Ernst Heitsch*, Die Entdeckung der Homonymie. 91 S., DM 26,-
12. *Jean Gagé*, Le paganisme impérial à la recherche d'une théologie vers le milieu du IIIe siècle. 20 S., DM 4,80
13. *Fritz Reckow*, Die Copula. Über einige Zusammenhänge zwischen Setzweise, Formbildung, Rhythmus u. Vortragsstil in der Mehrstimmigkeit von Notre-Dame. 66 S., 13 Notenbeisp., DM 16,-
14. *Karl Deichgräber*, Hippokrates' De humoribus in der Geschichte der griechischen Medizin. 63 S., DM 16,-

Jahrgang 1973

1. *Adelheid Mette*, Indische Kulturstiftungsberichte und ihr Verhältnis zur Zeitaltersage. 35 S., DM 8,50
2. *Herbert von Einem, Karl Erich Born, Fritz Schalk* und *Wolfgang P. Schmid*, Der Stukturbegriff in den Geisteswissenschaften. 52 S., DM 14,-
3. *Karl Deichgräber*, Pseudhippokrates, Über die Nahrung. Text, Kommentar und Würdigung einer stoischheraklisierenden Schrift aus der Zeit um Christi Geburt. 88 S., DM 26,50
4. *Günter Bandmann, Hans Blumenberg, Hans Sachsse, Heinrich Vormweg* und *Dieter Wellershoff*, Zum Wirklichkeitsbegriff. 46 S., DM 11,30
5. *Jürgen Plähn*, Die Wortabkürzungen im Októich učebnyj von 1915. 56 S., DM 18,-
6. *Wolfram von Soden*, Sprache, Denken und Begriffsbildung im Alten Orient. 41 S., DM 11,-
7. *Johann Joachim Winckelmann*, De ratione delineandi Graecorum artificum primi artium seculi ex nummis antiquissimis dignoscenda. Herausgegeben von *Klaus-Peter Goethert*. 35 S., DM 10,-
8. *Wilhelm Rau*, Metalle und Metallgeräte im vedischen Indien. 70 Seiten mit 7 Abb., DM 24,60
9. *Walter Wimmel*, Die technische Seite von Caesars Unternehmen gegen Avaricum (B.G. 7, 13 ff.). 52 S. mit 18 Abb., DM 17,20
10. *Wilhelm Eilers*, Die vergleichend-semasiologische Methode in der Orientalistik. 107 S., DM 26,40

11. *Adelheid Mette*, Pind'esāna. Das Kapitel der Oha-nijjutti über den Bettelgang. Übersetzung und Kommentar. II, 242 S., DM 62,-
12. *Hermann Lange*, Die Consilien des Baldus de Ubaldis († 1400). 47 S., DM 12,40
13. *Reinhold Olesch*, Der dravaenopolabische Wortakzent, Teil II. 37 S., DM 15,40
14. *Claus Uhlig*, Chaucer und die Armut. Zum Prinzip der kontextuellen Wahrheit in den *Canterbury Tales*. 51 S., DM 12,60
15. *Hermann Diener*, Die Gründung der Universität Mainz 1467-1477. 57 S., DM 14,40

Jahrgang 1974

1. *G. Djelani Davary* und *Helmut Humbach*, Eine weitere aramäoiranische Inschrift der Periode des Aśoka aus Afghanistan. 16 S. mit 9 Abb., DM 7,20
2. *Horst Oppel, Sandra Christenson*, Edward Bond's Lear and Shakespeare's King Lear. 42 S., DM 12,80
3. *Artur Greive*, Neufranzösische Formen der Satzfrage im Kontext. 28 S., DM 9,40
4. *Karl Deichgräber*, Die Persertetralogie des Aischylos. Mit einem Anhang Aischylos' Glaukos Pontios und Leon. 92 S., mit 4 Abb., DM 28,40

Jahrgang 1975

1. *Heinrich Otten*, Puduḫepa. Eine hethitische Königin in ihren Textzeugnissen. 35 S., DM 11,20
2. *Nikolaus Himmelmann*, Drei hellenistische Bronzen in Bonn. Mit einem Anhang über den Dornauszieher Castellani. 35 S. und 49 Abb. auf 24 Tafeln und 1 Farbtafel, DM 27,20
3. *Erwin Iserloh*, Die soziale Aktivität der Katholiken im Übergang von caritativer Fürsorge zu Sozialreform und Sozialpolitik, dargestellt an den Schriften Wilhelm Emmanuel v. Kettelers. 26 S., DM 10,60
4. *Karl Bischoff*, Germ. *haugaz, 'Hügel, Grabhügel' im Deutschen. Eine Flurnamenstudie. 73 S. mit 2 Karten, DM 21,60
5. *Harald Zimmermann*, Der Canossagang von 1077. Wirkungen und Wirklichkeit. 220 S. mit 3 Abb. und 12 Taf. mit 22 Abb., DM 66,-
6. *Hellfried Dahlmann*, Cornelius Severus. 156 S., DM 44,20
7. *Nikolaus Himmelmann*, Das Hypogäum der Aurelier am Viale Manzoni. Ikonographische Beobachtungen. 28 S., 24 Taf. m. 27 Abb. und 1 Farbtafel, DM 29,20
8. *Joseph Gantner*, Ortega y Gasset und die spanische Kunst. 20 S., DM 6,-

Jahrgang 1976

1. *G. Djelani Davary* und *Helmut Humbach*, Die baktrische Inschrift IDN 1 von Dasht-e Nāwūr (Afghanistan). 21 S. mit 7 Abb., DM 9,20
2. *Richard Gramlich*, Aḥmad Ghazzālī: Gedanken über die Liebe. 80 S., DM 20,-
3. *Ernst Benz*, Meditation, Musik und Tanz. Über den „Handpsalter", eine spätmittelalterliche Meditationsform aus dem Rosetum des Mauburnus. 37 S. mit 1 Abb., DM 12,-
4. *Anastasios A. Nikitas*, Zur Bedeutung von ΠΡΟΦΑΣΙΣ in der altgriechischen Literatur (Dichtung – Historiographie – Corpus Hippocraticum). 35 S., DM 13,20
5. *Werner Schröder*, Die drei Jünglinge im Feuerofen. Die Ältere Judith. Überlieferung, Stoff, Form. 114 S., DM 26,-
6. *Horst Oppel*, Die Schlußverse von *King Lear*: Text-, Interpretations- und Übersetzungsprobleme. 64 S., DM 14,60
7. *Alfred von Martin*, Macht als Problem. Hegel und seine politische Wirkung. 154 S., DM 38,-
8. *Martin Sicherl*, Handschriftliche Vorlagen der Editio princeps des Aristoteles. 87 S. mit 3 Tafeln, DM 24,-
9. *Eckard Lefèvre*, Der Thyestes des Lucius Varius Rufus. Zehn Überlegungen zu seiner Rekonstruktion. 48 S., DM 12,40

Jahrgang 1977

1. *Werner Schröder*, Der Text von Wolframs ‚Willehalm' vom 327. bis zum 343. Dreißiger. 60 S., DM 17,40
2. *Ernst Benz*, Akzeleration der Zeit als geschichtliches und heilsgeschichtliches Problem. 53 S., DM 15,-
3. *Johannes Benzing*, Islamische Rechtsgutachten als volkskundliche Quelle. 28 S., DM 10,40
4. *Ernst Benz*, Franz Anton Mesmer und die philosophischen Grundlagen des „animalischen Magnetismus". 47 S., DM 13,-
5. *Jan Białostocki*, Vom heroischen Grabmal zum Bauernbegräbnis. Todesmotive in der Kunst des 18. und 19. Jahrhunderts. 41 S. mit 21 Abb., DM 18,60
6. *Karl Bischoff*, wif, vrowe und ihresgleichen im mittelalterlichen Elbostfälischen. Eine wortgeschichtliche Studie. 38 S. DM 11,20
7. *Eberhard Klingenberg*, Das israelitische Zinsverbot in Torah, Mišnah und Talmud. 102 S., DM 25,-
8. *Hellfried Dahlmann*, Über Helvius Cinna. 50 S., DM 13,-